つくってみよう！
自分流リーダーシップ

リーダーに必要な
50の行動

斎田 真一 著

はじめに

わたしの名前は「ケンメイ」。ある町の小さな動物園で暮らすペンギン。

ヘンな名前だって言われるけど、「一生懸命」みたいな感じで気に入っている。

人間はわたしのことを「かわいい」とか「癒される」とか言うけど、食事は魚ばかり、行動範囲はこのエリアだけ。

わたしだって、たまには甘いものを食べたいし、温泉にだって行きたい。

ただでさえ狭いエリアなのに、この頃近所の子供ペンギンが大きくなってきた。

子供は元気ね。わたしなんか腰が痛くて。歳なんてとるもんじゃないわ。

居場所がないから、展示スペースの最前列にいることが多い。

わたしを眺める人間から、近頃、「リーダー」というつぶやきをよく聞く。

え、わたしがリーダーに!?

係長になったけど

「パパ、係長になるよ!」

ある休日の午後、プールからあがってまどろんでいるわたしは、はっきりした声に目が覚めた。

「ずっと出世したいと思ってたんだ。パパは、そのためにいろんな知識や技術を身につけてきたけど、それがようやく認められたよ。お前もいつかパパのように偉くなるんだよ」

30代の男性が、つないだ手の先にいる幼い子供に語りかけている。今から3ヶ月前のことだった。

「は～」

ひとりでやってきたその男性は、わざわざわたしの前でため息をつく。

「年上の部下って難しい。目標を与えたら、こんなのできないと言ってやろうとしない。マニュアルつくったら、自分には合わないとか言うし。そのくせ、仕組みが悪いとか、リーダーらしい仕事をしていないとか、文句だけは一人前」

食事を終えたばかりのわたしにとって、消化に悪い話。

「厳しく叱ったら、生意気だって言うんだよ。それからは、こちらが挨拶しても返してくれない。若い連中も見てるのに」

「あ～あ、リーダーって難しいな……」

わたしが大きなあくびをしたら、「お前のんきだな。なんだか愚痴を言っても仕方なく思えてきたよ。そう、自分が変わるしかないか。でも……、どうやって？」

人間のことはよくわからないけど、リーダーっていうのは難しいんだ。

パート社員として経験が長いだけでわたしがリーダーに!?

「どうしよう…」

平日の夕方、飛んでいるトンボを眺めていたわたしは、その声で首をおろした。

「ただ経験が長いだけで、店長からパートのリーダーになってって言われちゃった。適任者が他にいないんだって。いいかげんな理由だと思わない？ わたし、学生の頃からリーダーなんてやったことがないし。人の話を聴くことぐらいしかできないよ」

20代の女性が手すりに頭をもたれてつぶやいていたのは6ヶ月前。

またやってきたその女性は、わたしに聞こえるようにため息をつく。

「最初は良かったのよ。仕事はルーチンワークだし、みんなの愚痴を聴いてすっきりした気持ちになってくれれば、回っていくから」

「でも、店長が業務改善を指示したときから、おかしくなっちゃった。わたしも改善は必要だと思う。でも、『改善しましょう』ってみんなに言ったら、面倒だとか、あの人と組みたくないとか、文句ばかり。『しかたないじゃない、必要なんだから！』って言う勇気もなくて……。わたしひとりでやればいいや、そうすればみんな文句も言わないからって思ったの」

ちょっとわかる気がする。ペンギンの世界だって相性の合わないコはいる。やりたくもないショーをやらされ、陰で文句を言ってるコもいる。

「ところが、わたしひとりであれこれやったら、忙しくなるばかりで、メンバーの話を聴く余裕がなくなって」

プールに入って水遊びをしようと思ってたのに、こんな話を聞かされたら、遊ぶ気にもなれない。

「メンバーから、『最近リーダー冷たい』って言われるようになっちゃった。店長からは、『もっとメンバーの力を集めて業務改善を進めるように』って言われるし」

「あ～あ、リーダーって難しいな……」

話が終わったようなので、わたしがプールに入りかけると
「あんたって、のんびりしてるね。なんだか愚痴を言っても仕方なく思えてきたわ。そう、自分が変わるしかないのよね。でも……、どうやって？」
プールに飛び込んで考えた。
人間は、「ファースト・ペンギン」といって最初に海に飛び込む勇気あるペンギンを称えるみたい。でも、本当は、最初に飛び込んだ後に誰もついてこないってこともある。人間の世界のリーダーは知らないけれど、何でも率先してやればいいというものじゃないとわたしは思う。

初めてのリーダーに。わからないというリーダーにも

リーダーになりたくない

今の若者には、課長・係長・主任などチームのリーダーになりたくない人が増えているといわれます。

現代はプレイングマネージャーの時代ですから、リーダーになっても個人目標は課せられ、さらにメンバーの目標にも責任をもたなければなりません。

さらに、やれ会議だの、報告書だの、稟議だのと、マネージャーになると間接的な仕事が増え、生産性が低い仕事にイライラします。

情報管理だ、コンプライアンスだと、大切なのはわかるけれども、思い切った行動がとれず窮屈です。

メンバーからの不満や苦情を聞き、組織の代表だからとお客様に頭を下げて、気持ちが滅入ります。

プレーヤーとして培った専門知識や専門技術をいかして、個人の成果をあげていたときは自信に満ちていました。チームに貢献している実感があるし、自分が成長しているのがわかる。このままずっとプレーヤーでいたい。そう思うのも無理はありません。

リーダーになって良かった

ところが、実際にリーダーになった人に話を聞くと、リーダーになって良かったという方が大半です。

上層部と接する機会が増え、経営の重要な情報が入るようになり、見晴らしが良くなる。

レベルの高い世界に飛び込んで成長できる。豊富な経験や優れた考えをもった人との人脈が広がる。

自分が思うような仕事ができる。メンバーを通じて大きな成果をあげる醍醐味を感じる。メンバーが成長することに喜びを感じる。単純にエラくなった気がする。

こうした理由からです。

リーダーになる前は、「なりたくない」「不安だ」という気持ちも、リーダーになってみると醍醐味や喜びに変わります。

わかるようで、わからないリーダーシップ

ただ、リーダーになってからも試行錯誤が続きます。

かつて出会った上司や先輩を真似てみたり、リーダーだからと少し強引に引っ張ってみたりします。それでも、うまくいくこと、いかないことがあり、それがなぜだかわかりません。

会社や上司に言われるままにしたり、メンバーにもいい顔をしたりすると、世渡りが上手になった気がしますが、結局のところ自分が何者かわからなくなります。

政治・経済・歴史・スポーツなどのリーダーシップに関する本を読んで、気構えは参考になりますが、現

場には合わない気がします。それに自分はそんなに偉大じゃないし。

上司に相談すると、何でも経験だと言われます。たしかに、経験を積むことで自分なりの教訓が生まれ、他のリーダーを観察したり、書籍を読んだりして、使えそうなノウハウもつかめます。

でも、こうした教訓やノウハウは、状況によって使えるときと、使えないときがあります。

リーダーシップがわかるようになったかと思えば、またわからなくなります。

初めてのリーダーに。わからないというリーダーにも

この本は、課長・係長・主任などの役職にかかわらず、職場で初めてリーダーになったという方に読んでいただきたいと思います。リーダーとして活動を始めたけれど、どう行動すればいいかわからないという方にも手にとってもらえる内容です。

また、リーダーとして経験を積んだ方も、経験を

整理して、今後の成長に備えることができます。部下・後輩に読ませることで、リーダーを補佐する役割を理解させることができます。将来のリーダー候補として読んだり読ませたりするのも良いでしょう。

本の構成は、まず、リーダーに期待される役割を解説したうえで、リーダーに必要な資質や行動を50枚のカードに描いて紹介します。次に、等身大のリーダーの事例から、最適なカードを選んで組み合わせるトレーニングを行います。さらに、読者の職場の状況から、同じくカードを組み合わせて、リーダーとしての強化策を考えます。最後に、リーダーとしての成長も解説します。

楽しみながら学習をして、「わかる、そして、できるへ」につながれば、何よりです。

わかる、そして、できるへ！

第一章

リーダーってなにするの？

あれからも、ため息をついて愚痴を言う人が、わたしのところへたくさんやってくる。

カウンターを置いて、お酒を並べれば、商売ができそう。

でも、この動物園では兼業が禁止されてるし……。

いつか自分でお店を開く準備にと、この頃、ペンギンの図書館に通っている。人間世界のリーダーシップの本を読むために。

で、わかった。

リーダーシップって奥が深い。

リーダーシップはリーダーとフォロワーの関係で成り立つ。

フォロワーがついていきたいと思ってリーダーシップが成立する。

これまでよりもリーダーとフォロワーの境界線が曖昧になっている。

ということは、強いだけがリーダーシップじゃないの？

フォロワーもリーダーシップを発揮できるってこと？　リーダーはどんな行動をとればいいの？　行動は一つじゃないの？　置かれた状況によって行動も変えるの？

人間が難しいと嘆いていたのがわかる気がする。もう少し読み進めようと思う。

役に立つかな。

リーダーシップって、何？

■リーダーシップのイメージって？

リーダーシップといえば、どんなイメージをもつでしょうか。

夢を語る人、カリスマ的な存在感、ぐいぐい引っ張る行動力など、力強いリーダー像が思い浮かぶことでしょう。

また、人柄が素敵な人、知識や技術が豊富な人、正しい判断を下してくれる人、メンバーにとって有益な情報をもっている人など、控えめだけれどもメンバーがついていきたいと思えるような人を思い浮かべるかもしれません。

一人ひとり、育ってきた環境や経験が違うため、リーダーシップのイメージも人によって違うのです。

リーダーシップとは

リーダーシップの本などでは、「影響力」という言葉が出てきます。たしかに、強いリーダーやカリスマのような人が周囲に影響力を行使しているというイメージがあります。

また、ジョセフ・ボイエット、ジミー・ボイエットは、その著書『経営革命大全』の中で、偉大なリーダーに共通することは、ついてくる人たち、すなわちフォロワーがいたことだ、としています。

偉大ではなくても、例えば、親が子供にしつけを教えて、子供がそのしつけを守る。町内でゴミ出しルールを指導する人がいて、その人の指導通りにゴミを出す。強盗が光る鋭利なモノを突きつけて、その相手が恐る恐るお金を差し出す。

ありがたいか、ありがたくないかは別として、これらはいずれも人が何らかの影響を与えて、別の人が従っています。

この考えは、仕事の世界でも同じです。

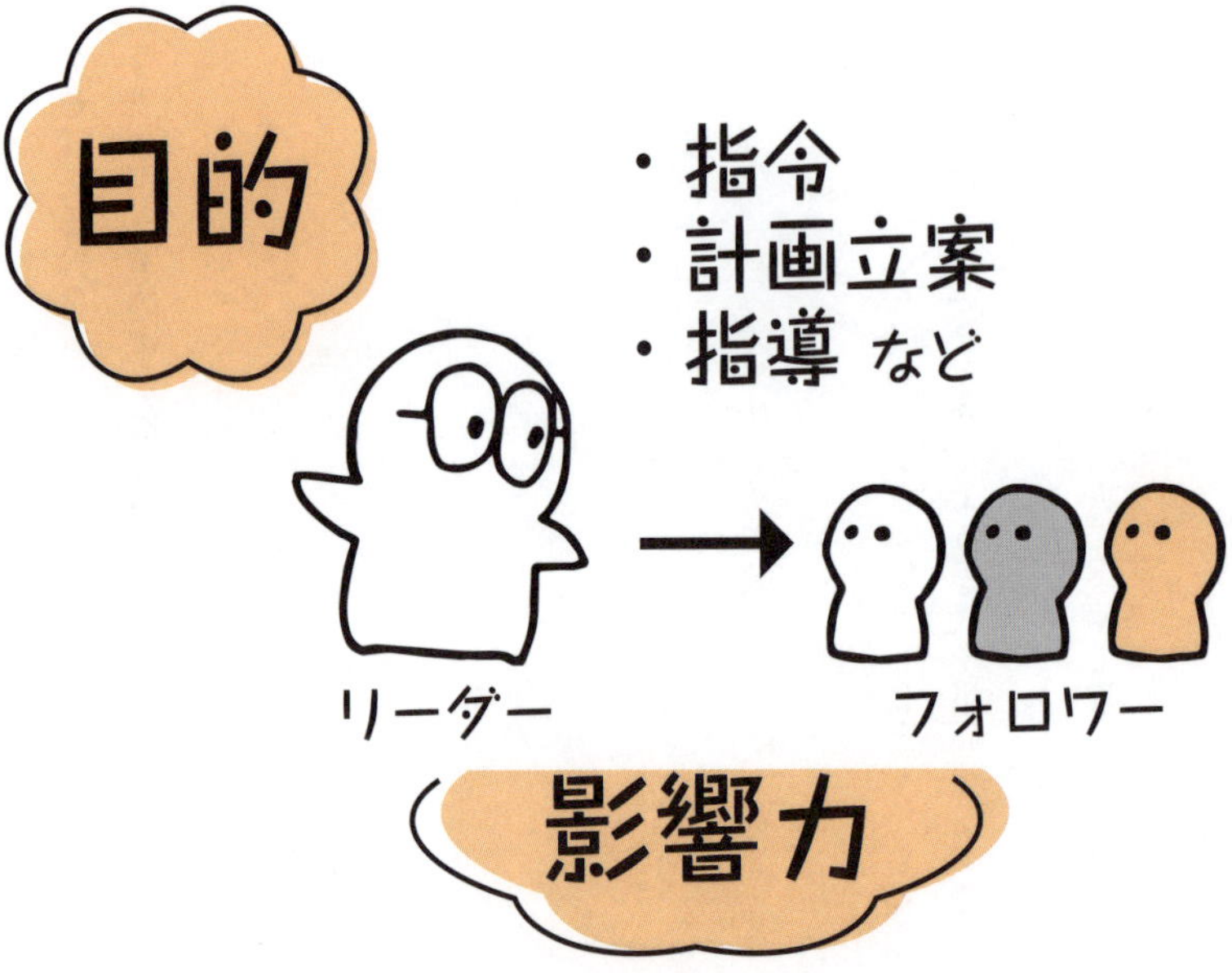

社長が新規ビジネスに取り組むために、トップダウンで指令を与え、社員がそれに取り組む。課長が目標を達成するために、具体的な計画を立案して、課員が実行する。先輩が後輩を戦力にするために、仕事のやり方を教えて後輩がそのとおりに行う。

これらはすべて、仕事における目的を達成するために、職責における上位者が指示・教育して、下位者がそれに従っています。

仕事におけるリーダーシップとは、「会社や職場において、目的を達成するために、リーダーがフォロワーに対して行使する影響力」といえます。

■影響力（パワー）とは

下位者が上位者に従う「影響力」とは、どのようなものでしょうか。

リーダーの影響力を、「パワー」といいます。心理学者のジョン・フレンチとバードラム・レイバンの説に代表されるように、パワーの源泉にはいくつかの種類があります。

「報酬的パワー」：給与・賞与など金銭や称賛・表彰など金銭以外の報酬による力
「強制的パワー」：減給・降格・戒告など懲罰、脅し・命令による力
「正当的パワー」：組織から公式に与えられる権限や役割による力
「準拠的パワー」：人柄における尊敬や憧れ、信頼や実績による力
「専門的パワー」：専門知識・専門技術や判断の信頼性による力
「情報的パワー」：フォロワーにとって有益な情報をもつことによる力

そして、これらのパワーは、地位・権限による「ポジション・パワー」と、その人が属人的にもつ「パーソナル・パワー」に分類されます。

「ポジション・パワー」：報酬的、強制的、正当的なパワー

「パーソナル・パワー」：準拠的、専門的、情報的なパワー

■パワーの範囲と有効性

パワーによってフォロワーの活動に影響を与える範囲のことを「パワーの範囲」といいます。

ポジション・パワーは、報酬がもらえる範囲や懲罰を避ける範囲でのみ機能します。パーソナル・パワーは、フォロワーがリーダーのことを信頼・尊敬・憧れることで機能する範囲は広がります。

また、リーダーのパワーは、状況によって有効かどうかが違います。

ポジション・パワーは、フォロワーの意欲・能力

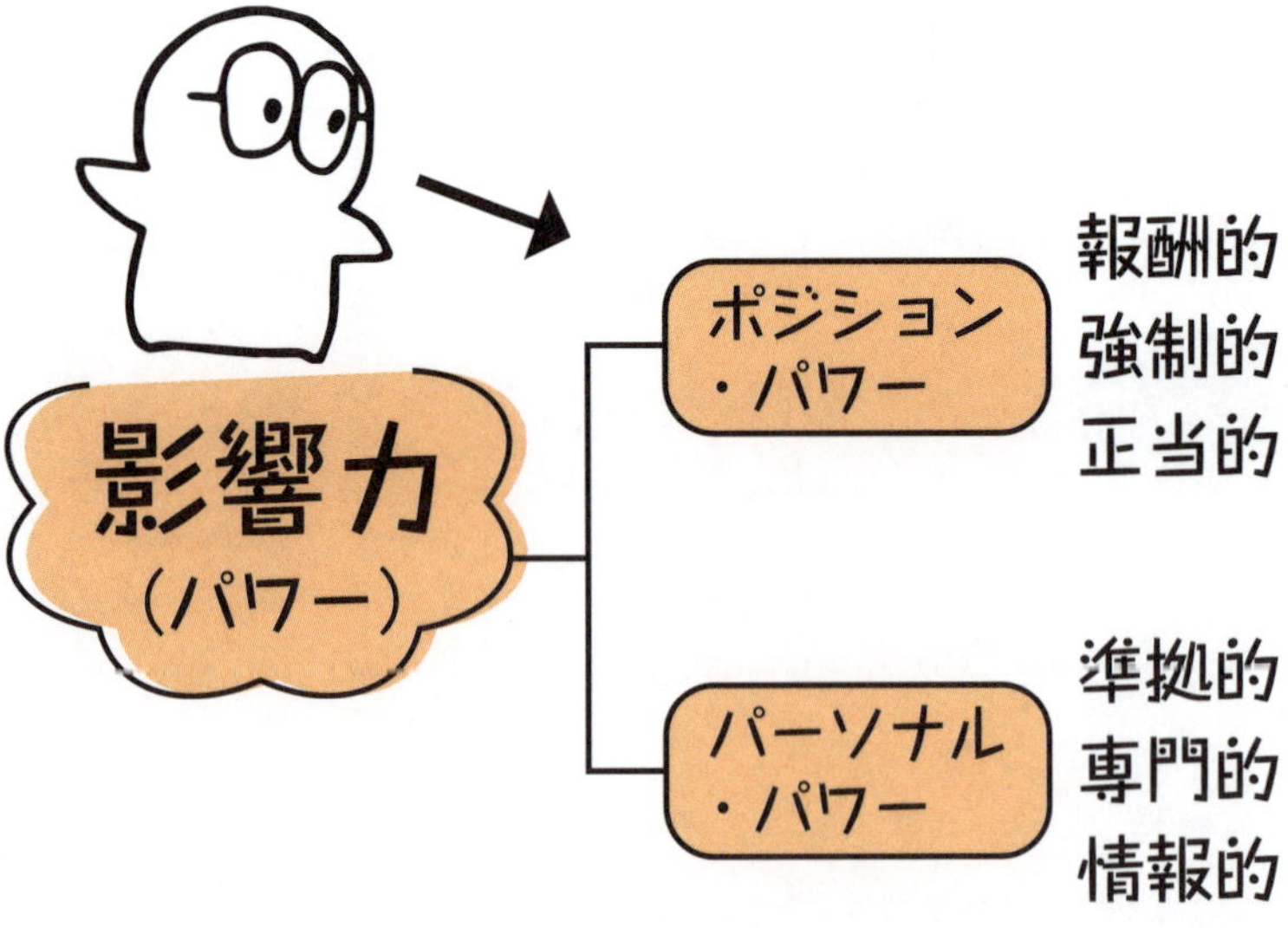

が低くて報酬や懲罰でしか働かない状況や、災害やトラブルに対して役職権限によって迅速かつ規律的に対応しなければならない状況で有効です。

パーソナル・パワーは、フォロワーの意欲・能力が高くて、求心力のあるリーダーさえいれば主体的に活動する状況や、創造性の高い仕事をする状況で有効です。

まずパーソナル・パワーを強化しよう

職場で初めてリーダーになる方は、組織から公式に与えられる権限が少なく、ポジション・パワーも多くありません。

おそらく、給与を増やしてあげる権限がなく、降格させる権限もほとんどないでしょう。報酬的もしくは強制的パワーがないのですから、「自分は役職上リーダーだ。自分の言うことに従いなさい」と言っても、フォロワーは「このリーダーに従っても給与は増えない」「このリーダーに従わなくても降格させられない」と考えます。

初めてのリーダーが、さっそく獲得したり高めたりできるのが、パーソナル・パワーです。

今すぐ人間性を高め、実績を積みます。専門の知識・技術を磨き、判断力を強化します。これらの積み重ねで、信頼が蓄積されます。

やがてキャリアアップすれば、ポジション・パワーもついてくることでしょう。パーソナル・パワーと上手に使い分けることで、パワーの範囲と有効性が拡充します。

ついていきたいリーダーとは信頼できる人

リーダーが影響力を行使したからといって、フォロワーが喜んでついてくるとは限りません。

強盗が光る鋭利なモノを突きつけて、恐る恐るお金を差し出さねばならないリーダー（強盗）には、できれば出会いたくないし、従いたくないものです。ノルマを達成しないと減給・降格するぞと脅す上司のもとでは、あまりついていきたくありません。

この強盗と上司は、いずれも強制的パワーが働いています。強制的パワーは、フォロワーにとって自由を奪われることが多く、喜んでついていこうとは思わないものです。

しかし、リーダーが愛情とフォロワーの成長を願って、あえて強制的パワーを発揮し、一方でフォロワーもその思いがわかり、受けいれることができれば、ついていこうと考える人もいます。

リーダーがもつ強制的パワーが一概に悪いとは言えないのです。むしろ重要なのは、フォロワーの側

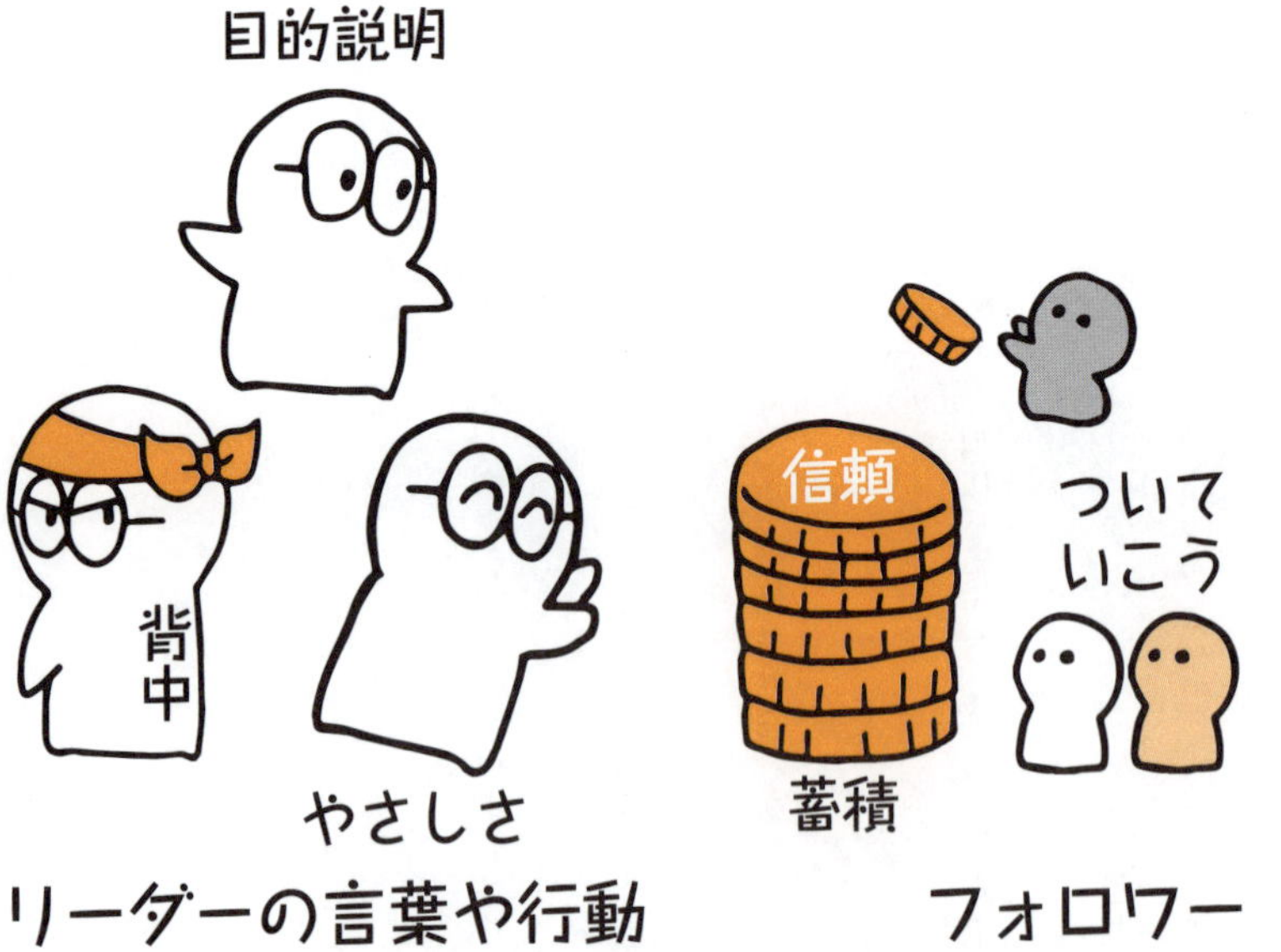

の意味づけです。強制的パワーを発揮されても、これは自分にとって良いことだと思うのならば、ついていこうとします。

T・R・ミッチェルとB・J・コルダーは、「リーダーシップの帰属理論」の中で、フォロワーはリーダーの言葉や行動に触れるうちに、この良い状態はリーダーのおかげだと認識して、リーダーについていこうと思えるようになったとき、初めてリーダーシップが生まれた（リーダーにリーダーシップが帰属した）としています。

J・M・クーゼスとB・Z・ポスナーは、フォロワーがついていく気になれるリーダーとは「信頼できる人」という基準を示しました。

E・P・ホランダーは、「特異性－信頼理論」の中で、信頼は貯金のように蓄積されていき、信頼の蓄積がたまったとき、集団はこれまでと違うやり方をリーダーに期待するとしています。

ついていきたいと思えるリーダーは、信頼できる人です。フォロワーに対して様々な働きかけをすることによって、リーダーへの信頼は蓄積されるのです。

■状況にあわせて働きかけを変える

いくら信頼を蓄積したからといっても、状況が変化しているのにリーダーが同じ働きかけを続けていては、フォロワーは疑問を感じ、次第についてこなくなります。

子供が成熟して、実は親のしつけが間違っていることに気づいたら、親が間違ったしつけを続けても従わなくなることでしょう。ゴミ出しのルールが変わったのに、古いルールのまま指導し続けたら、住民は言うことを聞かなくなることでしょう。鋭利な刃物から完全に身を守り、反撃することもできる道具を身につけたら、強盗にお金を差し出す必要はないと思うことでしょう。

フォロワーが未成熟な段階では、リーダーのポジション・パワーに強く影響を受けますが、フォロワーが成熟するといった状況の変化があると、リーダーの判断の正しさなどパーソナル・パワーに影響を受ける度合いが高まります。また、フォロワーがリーダーよりも高いポジション・パワーを身につければ、リーダーのポジション・パワーが相対的に弱くなります。

このことは、仕事の場面でもいえます。

社長が新規ビジネスを推進しても、一向に成果が上がらず、赤字を垂れ流して社員も疲弊したら、疑問を感じることでしょう。課長が実行計画を立案しても、変化した顧客ニーズに適さない計画だったら、メンバーが異議を唱えることでしょう。先輩が仕事を厳しく教えても、後輩のパワー・ハラスメントに対する意識が高まれば、後輩の心が離れていくこと

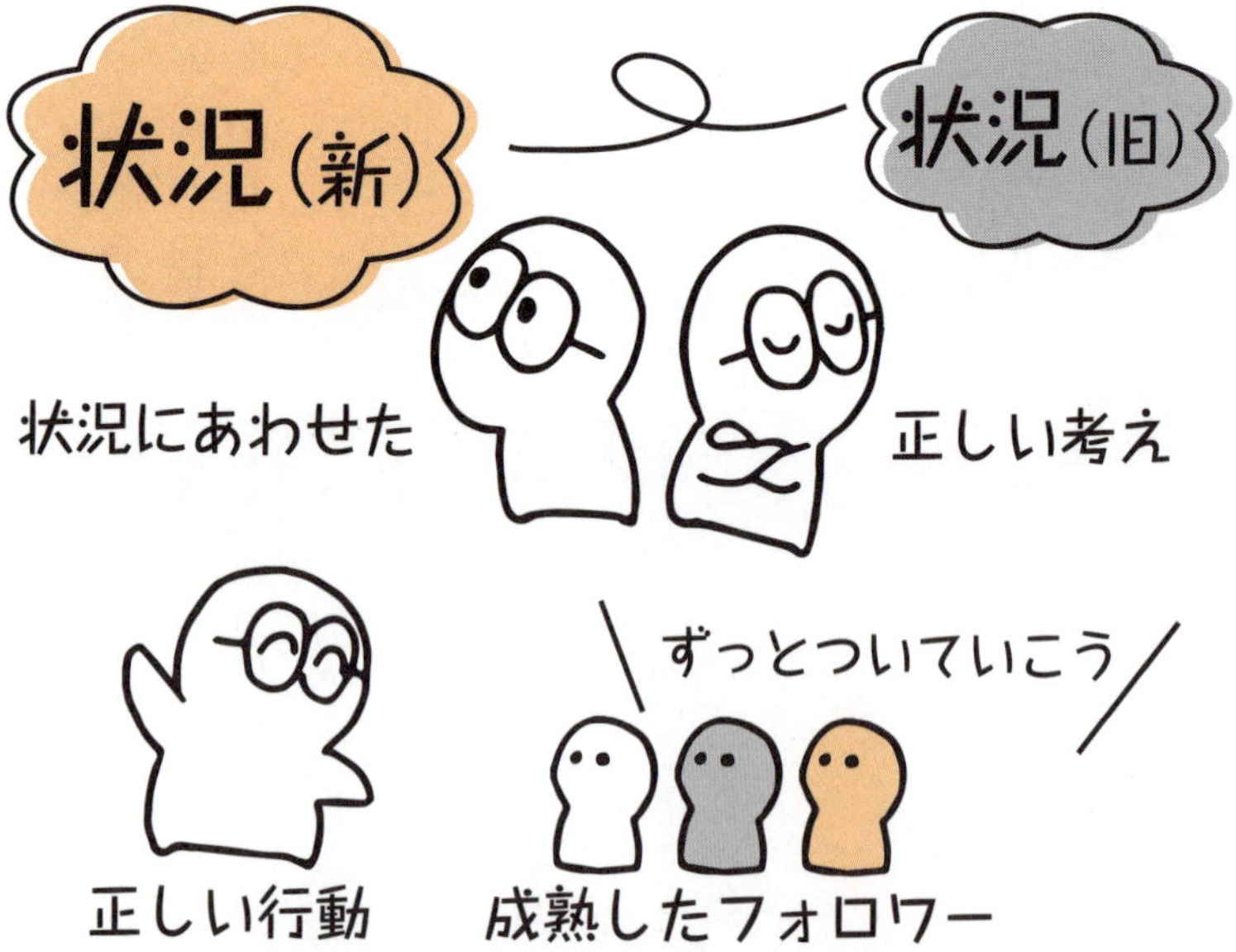

でしょう。

新しい状況に合わせた正しい考えや行動こそが、「ずっとついてきてくれる」原点なのです。

■信頼され続けて、ずっとついていきたくなるリーダーとは

フォロワーが、いつまでも信頼できる、ずっとついていきたいと思えるリーダーは、状況の変化にうまく適合できる人です。

基本となるリーダーの資質や行動を身につけたうえで、リーダーとフォロワー、並びに、チームを取り巻く状況を的確に把握して、状況に合わせた対応をとる人です。

こういう人のことを「柔軟性がある」といいます。

ところが、柔軟性がありすぎて、状況が変わるたびに判断や行動をコロコロ変えるリーダーは、信頼が置けません。フォロワーは、どんなときにもブレない軸をもったリーダーを求めます。

こういう人のことを「一貫性がある」といいます。

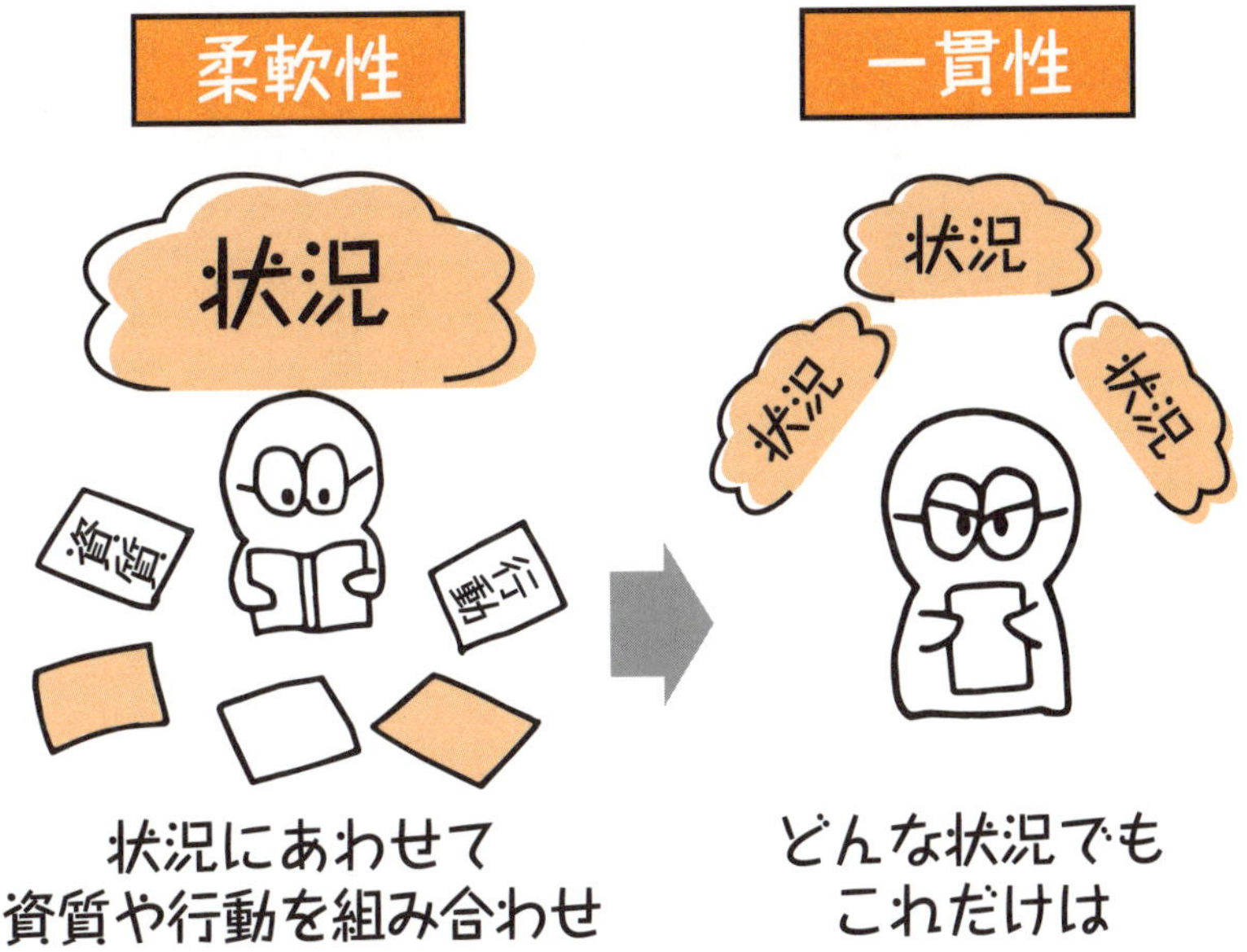

会社においても、100年経っても一貫して変わらない「理念」があり、環境が変化すれば柔軟に適応させる「戦略」があります。この両立によって存続・成長させることができます。

初めてリーダーになる方は、リーダーとしてたくさんの資質や行動パターンをもち、状況にあわせて最適なものを選ぶといった、柔軟性を高めることから始めることをおすすめします。

そして、経験を重ね、教訓を蓄積するうちに、変わらないこと、これだけはもっておきたいことが、少しずつわかってきます。それを自分の軸に据えてみます。しかし、その軸は細く、弱く、すぐに折れてしまうかもしれません。そんなときはしっかりと内省して、軸を補強してください。場合によっては、軸をすべて破壊して、つくり直してください。こうしてできた軸は、太く、強く、しなやかになっていることでしょう。

フォロワーシップって、何？

■リーダーシップは誰でも発揮することができる

リーダーシップは、フォロワーが喜んでついていこうと思ったときに生まれます。自分がリーダーだと言っても、フォロワーがついていこうと思わなければ、本当の意味でのリーダーシップは発生していません。この考え方にもとづけば、部下が上司に仕事の提案をして（働きかけて）、上司が提案を受け入れた（従った）瞬間だけをとらえれば、部下がリーダー、上司がフォロワーといえます。

例えば、経営参謀が赤字続きの事業からの撤退を進言したら、社長が聞き入れた。課員がこれ以上の残業は難しいことをデータとともに説明したら、課長が別の対策を考えてくれた。後輩が新しい仕事のやり方を提案したら、先輩がそのやり方で仕事を進めた。

これらはいずれも立場が下のフォロワーが働きかけて、上のリーダーが従っています。この瞬間だけをとらえたら、フォロワーがリーダーシップを発揮していることになります。

経営学者のロバート・ケリーは、著書『指導力革命』（プレジデント社）において、リーダーとフォロワーとの間に以前のような境界線はなく、リーダーとフォロワーの両方の役割を認識しなければならないとしています。

リーダーシップは、立場の上下に関係なく、誰でも発揮することができるのです。

それゆえ、フォロワーの側も、自律的・能動的にリーダーに対して影響力を発揮することが求められます。

■能動的フォロワーシップ

現代においては、リーダーの判断力の限界と、フォ

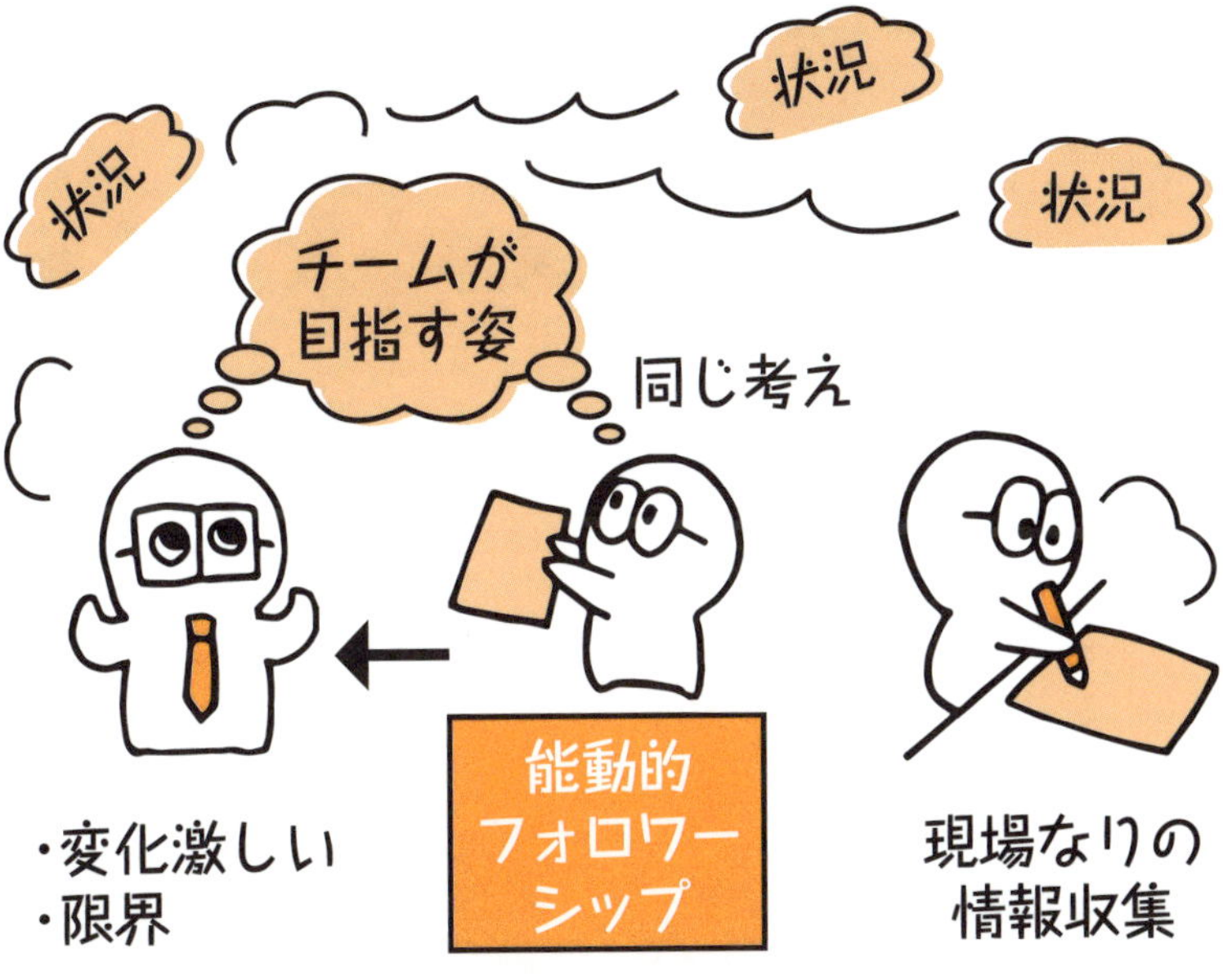

ロワーの自律性の程度が高まっています。

組織や職場を取り巻く状況が、激しく、不連続に、不確実に、広い範囲で変化する中、リーダーひとりで意思決定することは、情報収集力と判断力に限界があることから、難しくなっています。

一方、フォロワーは、より現場に近い立場として、現場なりの情報を収集して、主体的・自律的に判断・行動することが求められます。

階層組織においては、係長は係のリーダーであるとともに、課長のフォロワーです。課長も部長も同じことがいえます。たいていのリーダーは誰かのフォロワーです。リーダーは、さらに上のリーダーに情報を提供し、チームが目指す姿に貢献する必要があります。

以上を踏まえ、ほとんどの人がなり得るフォロワーは、受け身な姿勢ではなく、リーダーと同じような考えをもち、自律的・能動的に活動して、リーダーを補佐します、
このことを「能動的フォロワーシップ」といいます。

■上方影響力とは

能動的フォロワーシップを発揮する姿のひとつとして、「上方影響力」というものがあります。上方影響力とは、フォロワーがリーダーに対して有する発言力の大きさです。

ポジション・パワーが少ないフォロワーがリーダーに影響を与えるためには、リーダーが知らない情報を提供したり、リーダーに示唆を与えたりします。

ただ、フォロワーが情報を提供しっ放しで後は関与しないのでは、自律性が疑われます。情報を提供した

のに意に反する結論になってすねるようなフォロワーでは、リーダーも困ります。どちらも、今後はフォロワーの意見なんか聞かないと思われても仕方ありません。

そこで、上方影響力には重要な原則があります。それは、リーダーに対して情報を提供したり意見を具申したりするけれど、最終的な意思決定はリーダーに従うというフォロワーの姿勢がリーダーに認められてこそ、リーダーも従おうという気になるものだということです。

ボス・マネジメントは現代の職場において重要なテーマですが、能動的フォロワーシップと上方影響力は、ボス・マネジメントの根幹をなす重要な考えです。

上方影響力を発揮する情報とは

上方影響力を発揮するために必要な情報とは、組織の方向性に関すること、リーダーが関心をもって

いること、リーダーが意思決定するにあたって欲しがる、現場から得られたリーダーの知らない情報、または、リーダーに示唆をあたえる情報です。

階層がはっきりしている組織の場合、「上司のそのまた上司の考えを知り、そのうえで上司を補佐せよ」と言われることがあります。これは、例えば、課長は部長の考えをくみとったうえで仕事をすることから、係長は部長の考えを知り、部長の考えに関する情報を現場から収集して、課長に提供するということです。

ただし、部長の気持ちを忖度しすぎたり、硬直した組織の論理が強すぎたりすると、的外れな情報になりがちです。また、「顧客が言っていることですから」と、顧客の声を御旗にして上司をまるめ込んだり、上司が知らないからといって現場の情報をねじ曲げて提供したりすることは、健全ではありません。

上方影響力を発揮する情報とは、リーダーにとってもフォロワーにとってもチームにとっても価値ある情報です。フォロワーは、それが何かを見極めることが大切です。

■上方影響力がリーダーシップの強化につながる

フォロワーである職場メンバーは、自分たちが活動しやすくなり、また、組織から自分たちが認めてもらえるよう、リーダーにパイプ役を期待します。

そのため、パイプ役は、メンバーの困りごと、アイデア、活躍ぶりについて上方影響力を発揮することが必要です。もし、メンバーの望みが実現しないならば、納得できる説明をすることも必要です。

パイプ役がフェア（公正）に行われれば、リーダーの信頼がさらに蓄積されて、メンバーに対するリーダーシップをますます発揮・強化することができます。

パイプ役とは、リーダーがさらにリーダーシップを発揮することにつながるのです。

リーダーに期待される役割って、何？

■チームの内部と外部をうまくやりくりする

リーダーは、チーム内をうまくやりくりします。メンバーに影響を与え、メンバーを動かしながらチームを運営し、成果を出すことが期待されます。その過程では、メンバーを育て、チームを成長させます。

成果とは、短期および中長期のチーム目標を達成することです。成長とは、メンバーのことなら、能力の向上、人格の形成、キャリアビジョンの実現などです。チームのことなら、ノウハウや技術の蓄積、新しい知恵やアイデアの創出によるチームの革新です。

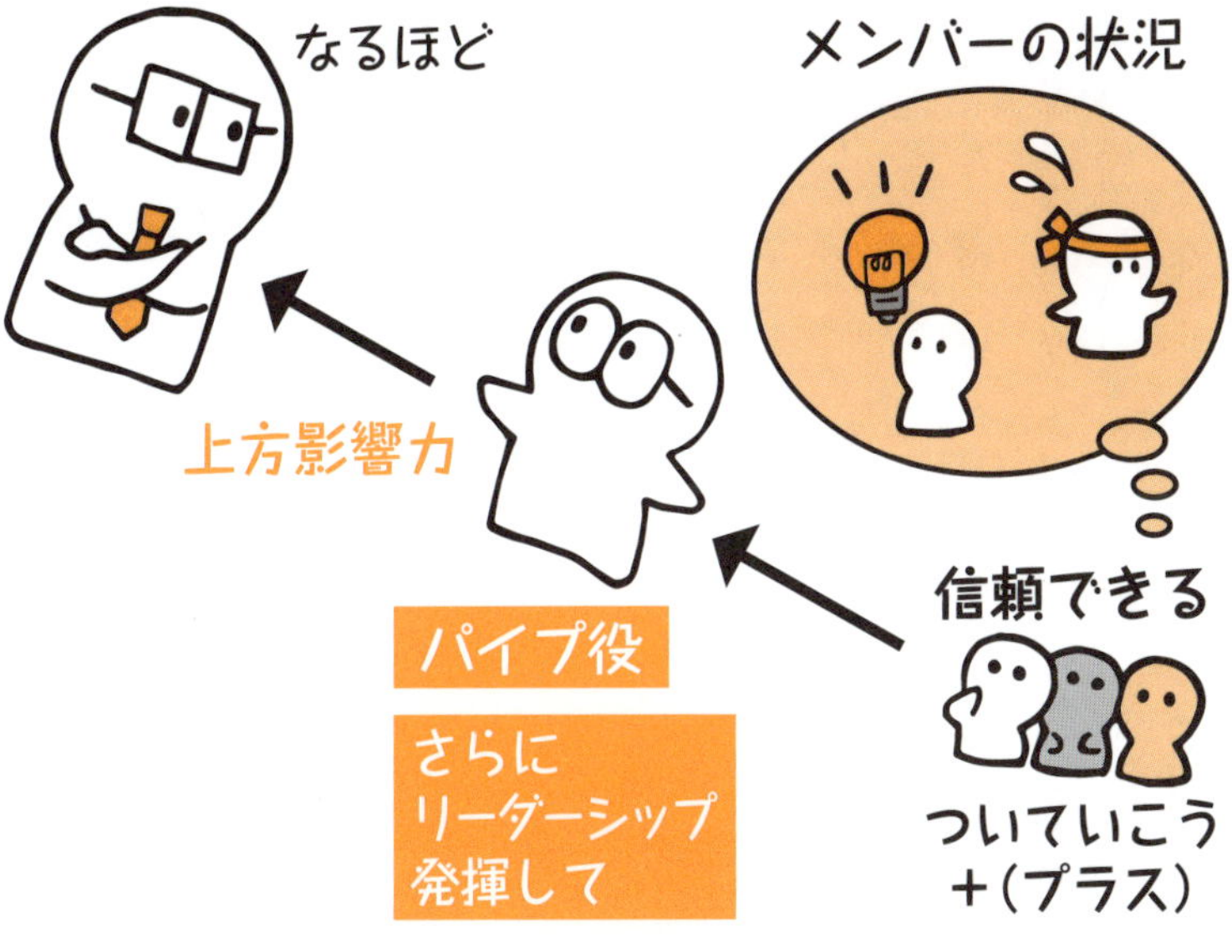

また、リーダーは、チームの外部ともうまくやっていきます。

チームは独立して存在しているわけではありません。チームは、上位組織や関連部門と相互に関係しています。組織の外にはお客様がいて、競合がいます。

外部とうまくやっていくとは、上位組織からの目標や方針を受けてメンバーに伝える一方、チーム内部の情報を取りまとめて上位組織に意見具申・情報提供します。また、関連部門と調整をとったり、お客様や競合に対応したりすることも含みます。

まとめていうと、チームの外部とうまくやっていくために内部を運営します。チームの内部をしっかり固めて、外部とうまくやっていくための備えにします。

■リーダーに求められる行動

次の図は、リーダーに期待される役割を表したものです。

組織は「お客様」や「競合」などを始めとする外部環境に適応しなくてはならないため、「組織全体の方向性」として描きます。

組織全体の方向性を実現するには、チームなど小さな単位による分業が大切です。チームは、上位組織からの期待を「上位目標・上位方針」という形で受けとります。チームも自主的に目標を設定して、上位組織の目標と関連づけます。これを、目標が鎖のように連なる「目標連鎖」といいます。

このもとで、「チームの目標達成」により「組織全体への貢献」につなげます。また、チームは現場に近い立場ですから、チームがやりやすいように「意見具申」をしたり、現場ならではの「情報提供」をしたりします。

こうしたチーム活動の要であるチームリーダーは、上位組織と自分のチームを連結する立場です。上位組織からの目標や方針をメンバーに浸透させ、メンバーから情報を集めて上位組織に提供します。これが、いわゆるパイプ役です。

パイプ役で大切なのは、上と下の情報をうまく翻訳することです。例えば、上位目標や上位方針は、抽象的すぎたり、チームの状況に合わなくてギャップが生まれたりします。リーダーは、上位の目標や方針を理解したうえで、チームの状況に合うように翻訳します。翻訳は〝意訳〟ではありませんから、上位の目標・方針をねじ曲げてはなりません。

また、リーダーは、メンバーからの苦言、アイデア、現場ならではの情報を取りまとめます。何でもかんでも上司にあげると、上司は上司としてのマネジメントができません。リーダーは必要な情報だけを選別して上司に具申・提供します。

ただし、自分に都合の悪い情報を提供しないとか、

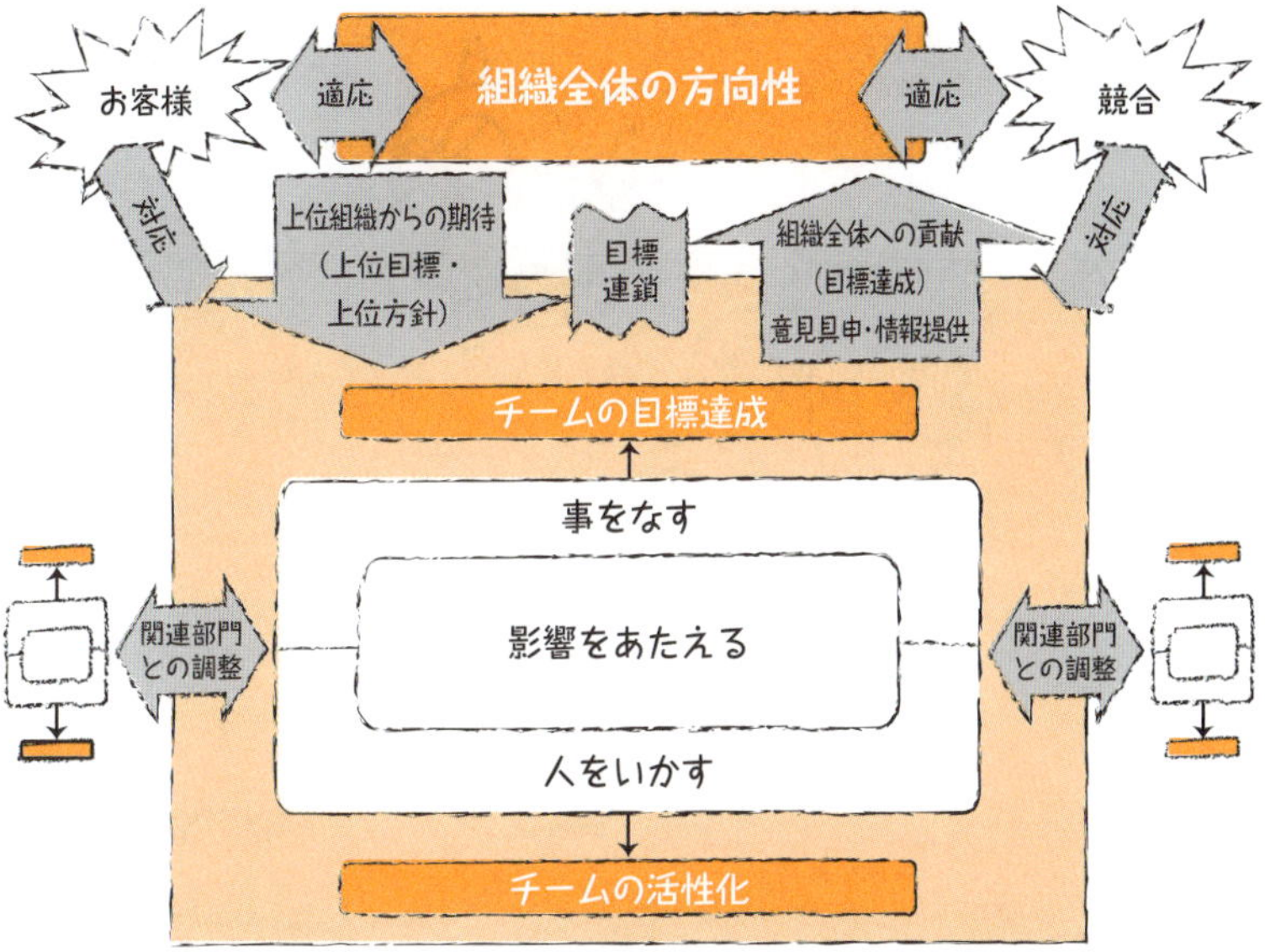

情報をねじ曲げてはなりません。組織の方向性を実現するためには何が必要か、チームメンバーがやりやすくなるためには何が必要かを自分に問い、最適な情報をアップダウンさせます。

■チーム内部を運営する

リーダーは、上位組織や関連部門、お客様や競合などチームの外部に適応するため、チームの内部を運営します。

運営するとは、チームやメンバーに影響をあたえ、人をいかし、事をなし、チームの**「目標達成」**と**「活性化」**を実現することです。

「目標達成」と「活性化」は、図にある上矢印と下矢印で引っ張り合いをしているように矛盾することがあります。

メンバーの欲求を無視して仕事を進めると、目標達成するかもしれませんが、チームは活性化せず、目標達成は長続きしません。一方、メンバーの希望

を受け入れすぎて目標達成活動の厳しさが失われるようでは、チームとして大きな目標を達成することができません。

リーダーは、目標達成に向けて、厳しい仕事を積極的に取り組んでいく行動と、活性化に向けて人に配慮してうまく活用する行動の二面性があることを認識します。

仕事と人の行動をどの程度強めるかは、チームの置かれた状況にあわせて変える必要があります。状況とは、例えば、メンバーの成熟度、リーダーとメンバーとの関係性、仕事の内容、リーダーの権限の度合いなどです。

3つの行動分野

「チームの目標達成」と「チームの活性化」を目指して、リーダーに期待される役割を発揮するには、3つの行動分野があります。

1つめは、「影響をあたえる」分野です。 これはコミュニケーションを通じてリーダーシップを発揮して、チームに影響をあたえることです。

2つめは、「事をなす」分野です。 これはチームとして行うべき仕事を表したもので、具体的には、チームの目標設定と達成活動、問題解決です。

3つめは、「人をいかす」分野です。 これは、メンバーの能力や意欲を高め、メンバー同士が一体感や相乗効果を発揮することです。

3つを組み合わせると、リーダーに期待される役割行動とは、「チーム全体に影響をあたえながら、人をいかして、事をなす」といえます。

３つはバラバラにとらえるのではなく、相互に作用します。

「内を固めてから外に出る」という言葉どおり、メンバーの能力・意欲を高めてから目標達成や問題解決へ向かいます。（人をいかして事をなす）

「外に出るために内を固める」という言葉どおり、目標達成や問題解決にあたるために、メンバーの能力・意欲を高め、メンバー同士が力を合わせます。（事をなすために人をいかす）

そして、事をなし・人をいかすためには、リーダーがコミュニケーションを通じてリーダーシップを発揮して影響をあたえます。

■リーダー行動50

リーダー行動50とは、**「影響をあたえる」「事をなす」「人をいかす」**の３つの分野について、それぞれ具体的な行動を50個に表したもので、３つの分野からバランスよく選びました。状況によって必要と

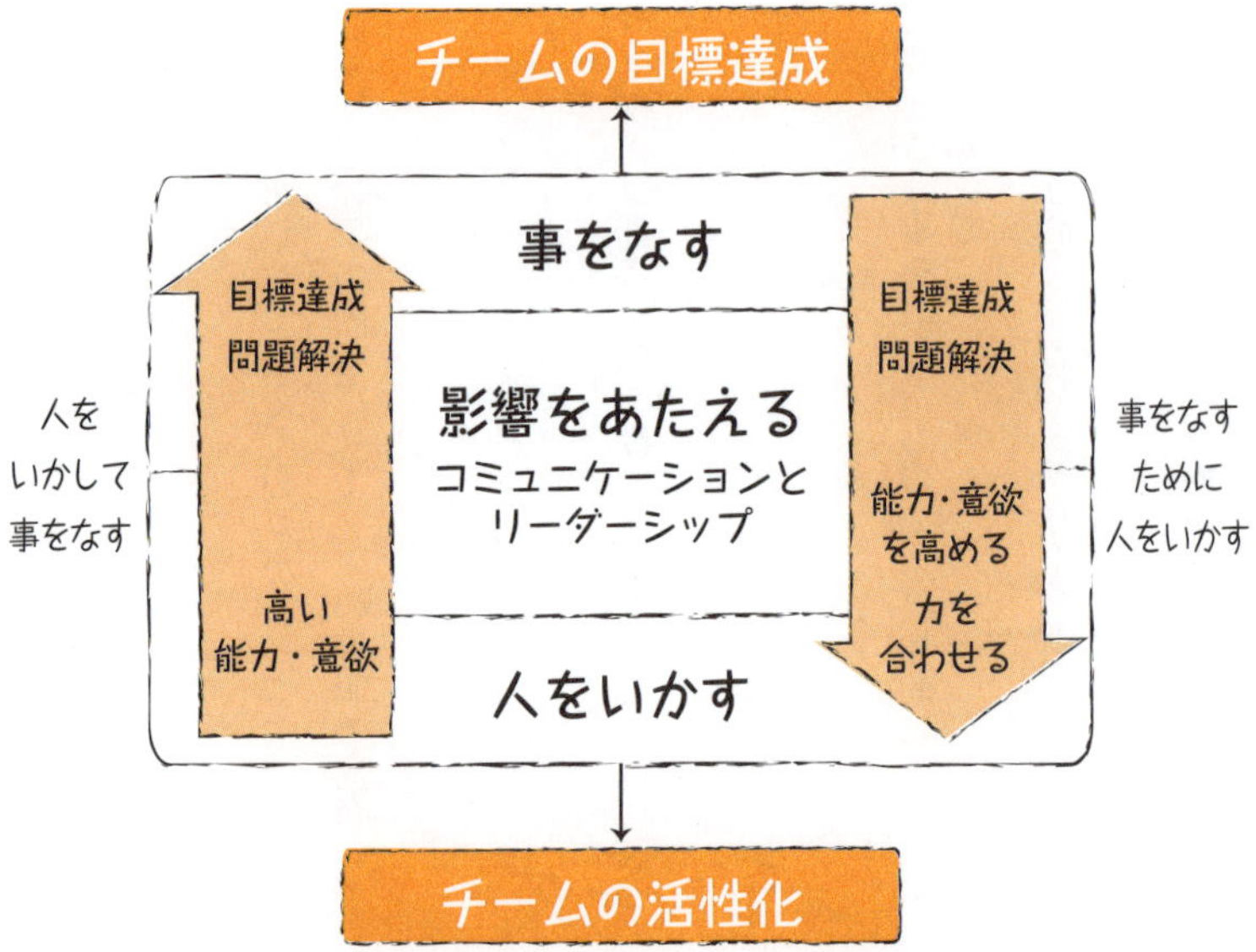

なる行動は違いますが、カードとして見える化することで、行動の相互作用もわかるようになっています。

次で具体的に解説していきましょう。

影響をあたえる

「影響をあたえる」は、コミュニケーションを通じてリーダーシップを発揮して影響をあたえることです。具体的にいうと、リーダーとメンバーがそれぞれの意図を発信・受信しながら交換または共有します。こうした働きを通じて、リーダーについていこうと思うメンバーが増え、リーダーシップが生まれます。また、リーダー自身の信念を固めるといった働きも大切です。

「影響をあたえる」リーダー行動を分けると、別表の**18の行動**があります。

他にも、関連するワードとして次のようなものがあります。

志、使命感、理念、行動指針、覚悟、責任、信頼、謙虚、親身、喜ぶ、大胆、挑戦、改革、依頼、受容、折衝、交渉、意見具申、情報共有、情報発信、相手理解、諭す、謝る、感謝する

No	名称	概要
1	信念	その人が正しいと信じている大切な考えで、意思決定のより所となるもの。
2	役割認識	期待される役割を理解すること。
3	権限の行使	決定や行動についてあたえられる権利を使うこと。
4	決断	いくつかの選択肢の中から意思決定して、他の選択肢を断つこと。
5	任せる	仕事の判断や実施を、メンバーの思うようにさせること。
6	率先垂範	人の先頭に立って行動して、模範を示すこと。
7	取りまとめ	チーム内外の情報を集約したり、メンバーの心をひとつにしたりすること。
8	上司の補佐	上司の役割を助け、補うこと。
9	前向き	今よりもさらに良くしようという気持ちや考えのこと。
10	説明	相手に事実や考えなどを伝えて、理解してもらうこと。
11	説得	相手の自由意思を尊重しつつ、こちらが望むとおりに、相手の行動を変える働きかけのこと。
12	合意形成	表面的な意見だけでなく、本音や価値観も明らかにして、全員が満足する一致点をつくること。
13	質問	情報を収集するために尋ねることや、気づきをあたえるために問を発すること。
14	傾聴	事実だけではなく、気持ちまで含めて共感的に理解する聴き方のこと。
15	見える化	状況をより正しく認識するため、文字・図表・グラフなどで見えるようにすること。
16	報連相	報告・連絡・相談それぞれの頭文字を取ったもので、協働を促進するためにチーム内外の関係者へ働きかけるコミュニケーションのこと。
17	褒める	相手の成長を願って、相手の考えや行動の良い点を称えること。
18	叱る	相手の成長を願って、相手の考えや行動の良くない点を指摘して改善させること。

■事をなす

「事をなす」は、チームとして行うべき仕事を表したもので、チームの目標設定と達成活動、問題解決のことです。

具体的にいうと、チームとしての目標を設定する一方で、メンバーに個人の目標を設定させて、両者を関連づけます。達成活動では、PDCA（Plan［計画］、Do［実行］、Check［評価］、Act［改善］の頭文字を取ったもの）のサイクルを回します。活動中に問題が発生すれば、解決にあたります。

「事をなす」リーダー行動を分けると、別表の**16の行動**があります。

他にも、関連するワードとして次のようなものがあります。

環境分析、方針、組織形態、コミュニケーション系統、時間配分、指示命令、進捗管理、統制、問題意識、危機意識、当事者意識、あるべき状態、現実の状態

No	名称	概要
1	状況把握	置かれた状況についての情報を収集して、実態をつかみ、的確な活動につなげること。
2	ビジョン形成	努力することで到達できる2～3年後のチームの理想の姿を描くこと。
3	目標設定	一定期間に達成するゴールを決めること。
4	役割分担	メンバーに仕事を割り当てたり、サブチームを編成したりすること。
5	連携体制づくり	メンバーが協力して働くために、手続きやルールをつくって運用すること。
6	実行計画	目標を達成するために必要な具体的な行動を予め決めること。
7	資源活用	仕事の価値を高めるために、必要となる資源を効率的に使用すること。
8	活動の推進	実行する段階において、メンバーの活動をサポートしたり、進捗を管理したりすること。
9	評価	目標達成度や活動プロセスを把握して、改善と成長につなげること。
10	改善	評価したときに見つけた好ましくない状況を良くすること。
11	調整	チームの活動を円滑に行うために、チーム内外の関係者に働きかけること。
12	問題発見	あるべき状態と現実の状態のギャップである問題を見つけること。
13	課題形成	問題を解決しようと決めて、言葉にすること。
14	原因分析	問題を引き起こしている本質的な原因をつかみ、解決の方向性を見つけること。
15	解決策の立案	問題を好ましい方向にするための具体策を立てること。
16	リスク管理	好ましくない事態（リスク）が発生しないよう予防すること、発生を想定して事前に対処すること。

人をいかす

「人をいかす」は、メンバーの能力や意欲を高め、メンバー同士が一体感や相乗効果を発揮することです。具体的にいうと、メンバー一人ひとりの育成目標を立て、計画的にＯＪＴを実施します。チームが協力して助け合い、知恵やアイデアを生み出す場づくり・チームづくりを行います

「人をいかす」リーダー行動を分けると、別表の**16の行動**があります。

他にも、関連するワードとして次のようなものがあります。

人材像、能力要件、指導、育成、Ｏｆｆ-ＪＴ、自己啓発、学ぶ環境づくり、手本、観察、助言、支援、達成感、効力感、成長感、目標共有、貢献意欲、一体感、風通し、会議、ファシリテーション、切磋琢磨、創意工夫、ノウハウ蓄積、異質受け入れ、革新、メンタルヘルス管理、ハラスメント防止

No	名称	概要
1	育成目標の設定	一定期間後にメンバーの能力が高まった状態と実施している仕事内容や成果を定めること。
2	OJT 計画の立案	仕事に必要な能力を重点的に習得させるための計画を立てること。
3	動機づけ	メンバーの意欲を高めて行動につなげるために、働きかけること。
4	ティーチング	仕事の重要さ、進め方、知識・技能などをメンバーに教え込む指導技術。
5	コーチング	メンバーの気づきを促して考えや主体性を引き出す指導技術。
6	OJT の評価	育成目標の達成度と OJT 計画の活動プロセスを振り返り、次にいかすこと。
7	キャリア開発の支援	メンバーが主体的に自分のキャリアを考えるように促し、実現に向けて支援すること。
8	目的共有	チームの力を結集するため、魅力的な目的を、メンバーの中で共有すること。
9	チームの約束事	メンバー全員が大切にしたいことや、守るべきこと。
10	雰囲気づくり	チームの中で自然につくり出される空気をうまくコントロールすること。
11	働きやすい環境づくり	安心して働くことができ、個人とチームが活性化する状況をつくること。
12	助け合い	メンバーの能力や資源などをもち寄って、補い合うこと。
13	相乗効果	メンバーが知識・経験を出し合い、チームで新しいノウハウに生まれ変わること。
14	意識改革	これまでの考え方や取り組み姿勢を、良い方向へと変えること。
15	多様性の受容	メンバー間の様々な違いを、認識・尊重して、うまく活用すること。
16	コンプライアンスの遵守	法令を守り、組織のルールに従い、高い倫理観を追求すること。

リーダー行動50のカードの扱い方

■リーダー行動50のカードの誕生

多くのリーダーが、かつての上司・先輩を思い出して、試行錯誤しながらチームを運営しています。

しかし、目標が達成できない、メンバーが育たない、チームに一体感がないなど、うまくいかないことがたくさんあります。うまくいったとしても、状況が変われば、成功パターンが使えません。

そこで、試行錯誤する中から、リーダーに必要な行動を見つけられないか

リーダーに必要な行動を組み合わせて、成功パターンを見つけられないか

状況が変わったら、成功パターンを柔軟に変更することはできないか

こうした疑問に応えるため、リーダーにふさわしい行動をカードにキーワードで書き出してみました。そして、関係するカードを2枚、3枚とつなげてみました。リーダーシップに関する様々な事例を集め、カードを入れ替えたり、つなぎ方を変えてみたり、新しいキーワードが書かれたカードをつくったりしました。

これを研修やコンサルティングの場で使用したところ、参加者から**「リーダーとして行動することがわかった」「リーダーの役割が見えてきた」「自分の強み・弱みが把握できた」**という声をいただきました。

これがリーダー行動カードの始まりです。

リーダー行動は、はじめ１５０ほど揃えましたが、理論・学説、リーダーたちの事例、研修参加者の声などを参考にして絞り込みました。相関が強いものは統一しました。結果的に、これだけは必要というもの

傾　聴
褒める
雰囲気づくり
これかな〜
試行錯誤からリーダーに
必要な行動を見つける。
安定した状況
傾　聴
褒める
〜の結果
〜の結果
雰囲気づくり
これだ！
行動を組み合わせて
成功パターンを見つける。

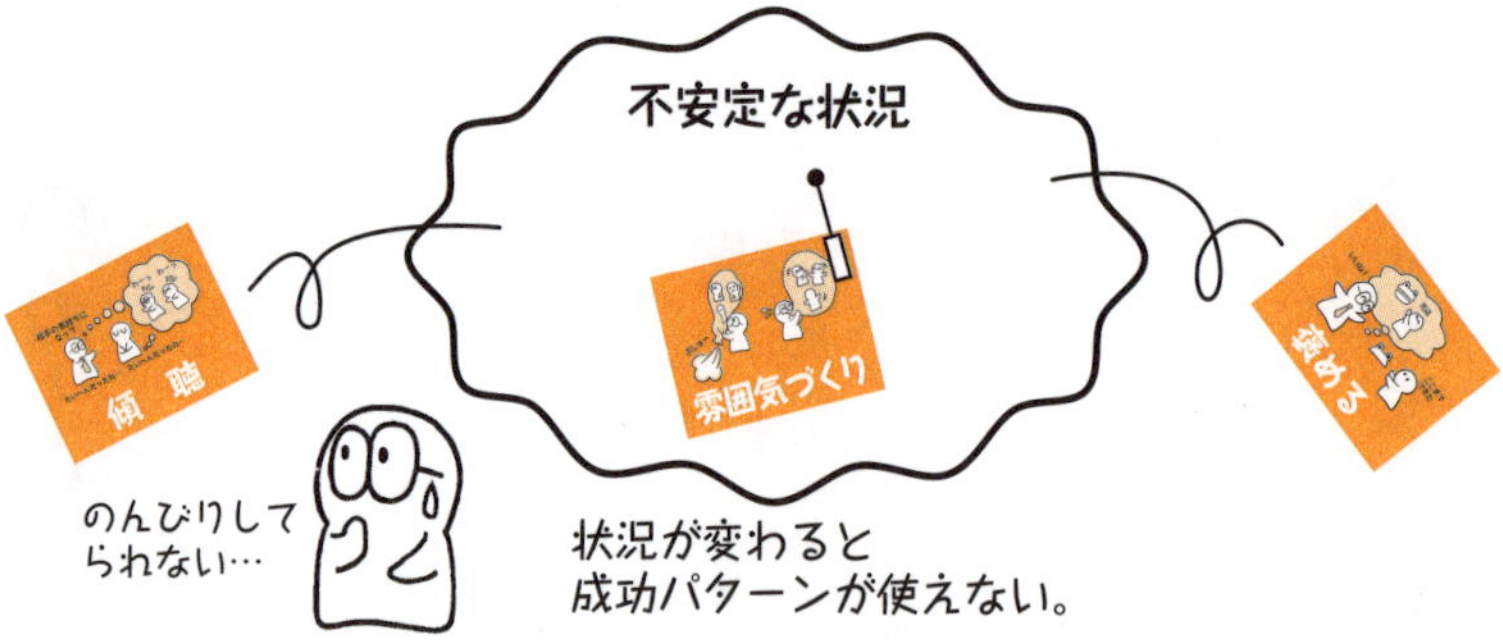
不安定な状況
傾　聴
雰囲気づくり
褒める
のんびりして
られない…
状況が変わると
成功パターンが使えない。

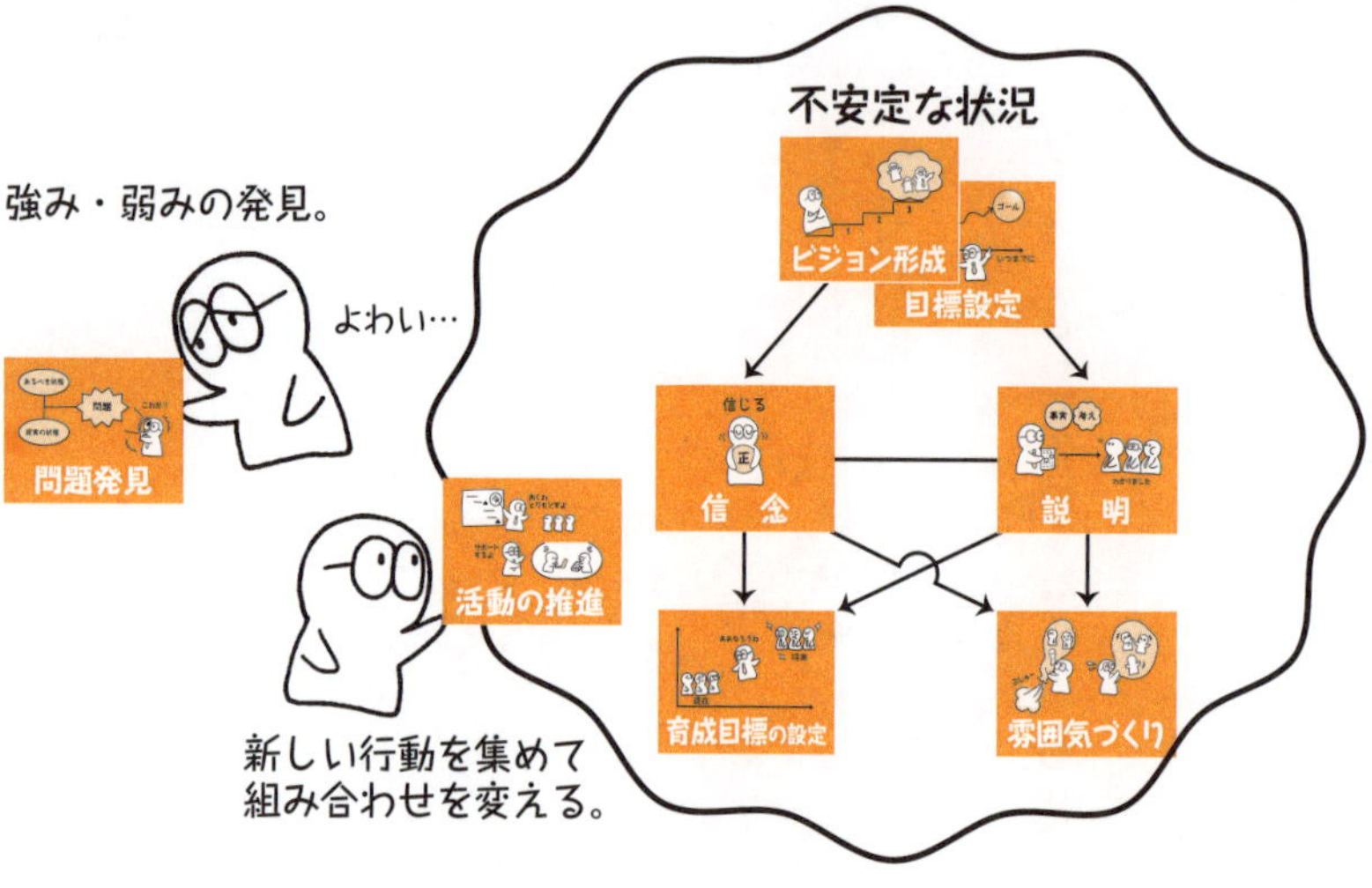
不安定な状況
強み・弱みの発見。
よわい…
問題発見
ビジョン形成
目標設定
信　念
説　明
活動の推進
育成目標の設定
雰囲気づくり
新しい行動を集めて
組み合わせを変える。

を50にまとめました。

■リーダー行動50のカードを組み合わせる

職場はシステムだといわれます。

仕事・人・仕組み・風土などが相互に影響し合って、全体として何らかの意味や価値をもつからです。

リーダーの行動も、そのいくつかが組み合わさり、相互に作用します。そして、全体としてその人なりのリーダースタイルができあがります。

例えば、**「目標設定」**と**「コーチング」**というリーダー行動は、関係が薄いように思えますが、リーダーがメンバーの考えを引き出す**「コーチング」**を行って、メンバー自身の**「目標設定」**をサポートします。

「相乗効果」と**「活動の推進」**という行動は、チーム目標の達成に向けて**「活動の推進」**をしているとき、メンバーの知恵を結集して新しい知恵を生み出すという**「相乗効果」**を発揮すれば、より良い活動や成果につながります。

リーダーが心の中にもつ**「信念」**は、言葉になって**「チームのビジョン」**に生まれ変わり、メンバーに**「説明」**します。もし、メンバーの中に心理的な抵抗があれば、**「信念」**をもって**「説得」**にあたります。

たくさんのリーダー行動が相互に作用すると、わかりにくくなるというデメリットがあります。そこで、リーダー行動が書かれたカードを空間に配置して、見える化します。

例えば、紙や机の上にカードを配置します。カード同士を線でつなぎ、線の意味を考えます。これによって、リーダー行動の相互作用が見えてきます。

チームの仕事、リーダーやメンバーの能力・意欲、メンバー同士の関係性、仕組みや風土といった、チームを取り巻く状況が変わったら、カードを入れ替えます。線のつなぎ方も変え、線の意味を考え直します。

こうすることで、状況に応じてリーダーとして必要な行動を見つけることができますし、その先には成功パターンが見えてきます。状況が変わったら成功パターンを変更することもできます。

■リーダー行動カードのイラスト

リーダー行動カードに書かれた名称は、ひと言です。

ひと言なので、人によって意味のとらえ方が違うかもしれません。

このカードは、読者であるリーダーやメンバーが、

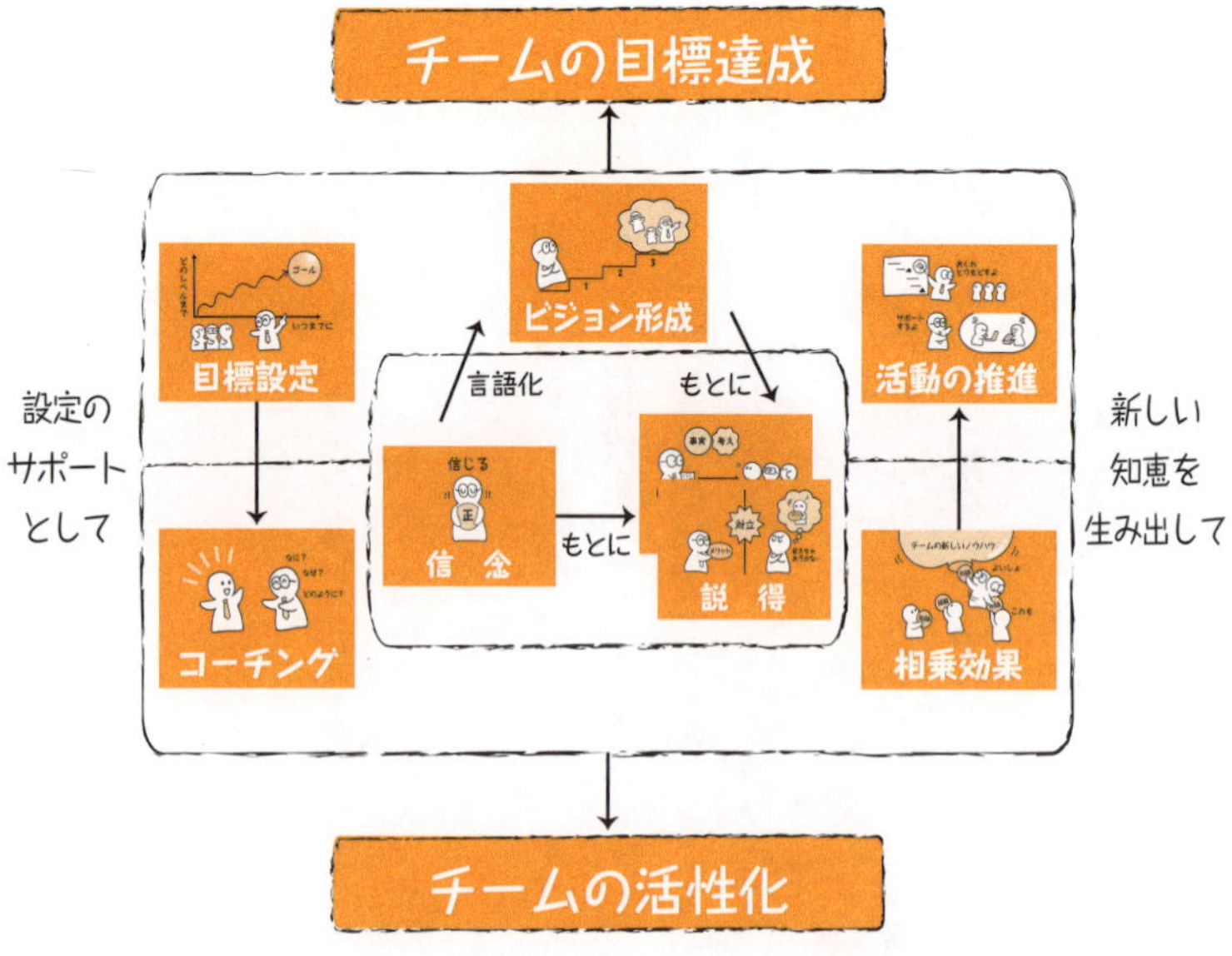

職場などで一緒に使用することを想定しています。人によってカードの意味のとらえ方が違った場合、どうしてそのようにとらえたかを語り合い、その人のものの見方・考え方、価値観、生育歴などを知るチャンスになります。その半面、カードの意味のとらえ方が違ったままだと、統一的な考えのもとで学習できないデメリットもあります。

デメリットを防ぐために、リーダー行動カードにはイラストを描きました。イラストを見ながら名称の意味をできるだけ合致させてもらうためです。

とはいえ、名称の意味を完全にひとつにしてくださいと言うつもりはありません。名称やイラストを見て、**「自分は別の名称が似合う」「自分たちの職場なら別のイラストを描く」**と語り合い、気づきや学びにしてください。

■カードのダブリとモレ

リーダー行動カードは、意味のダブリをできる

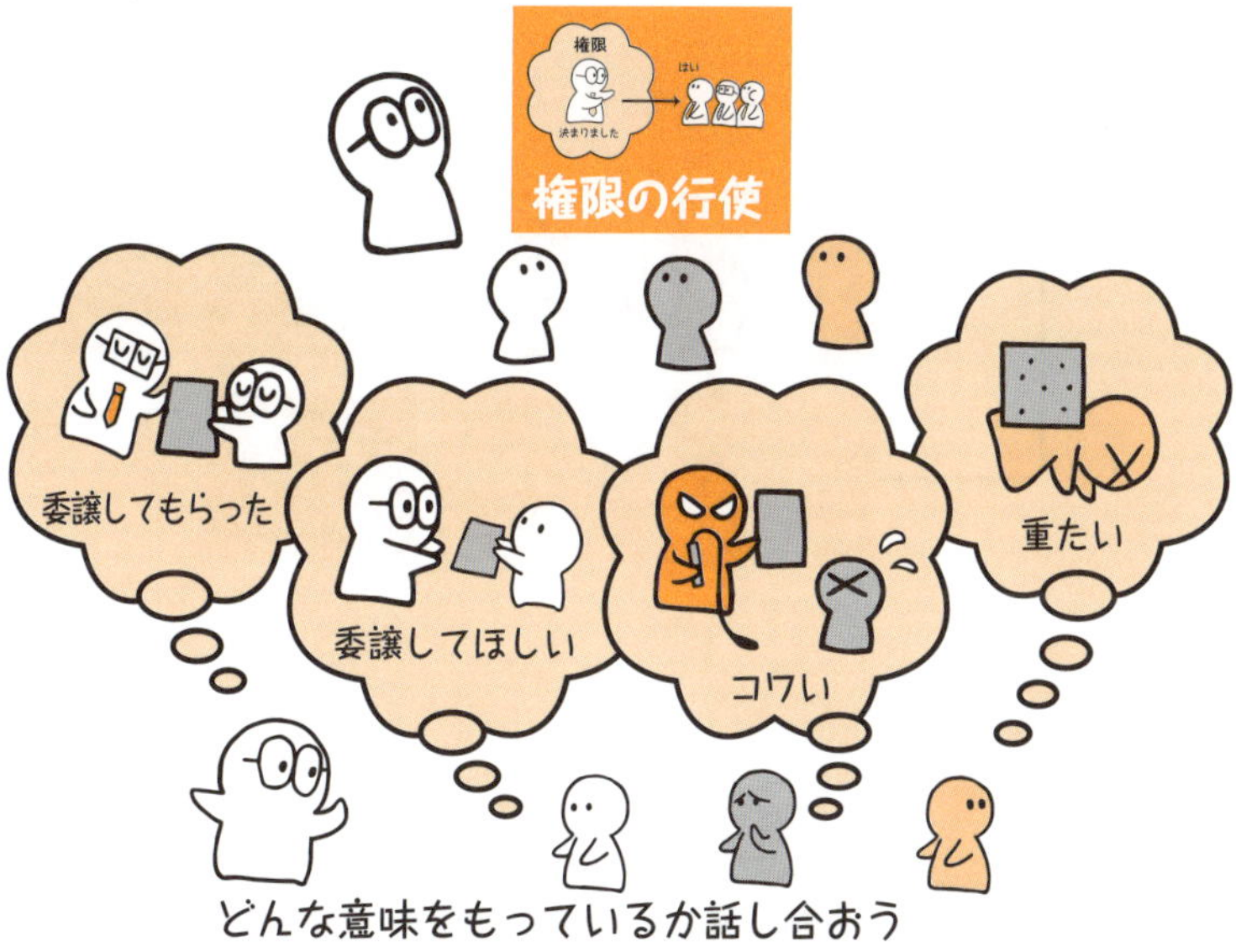

権限
決まりました
はい
権限の行使
委譲してもらった
委譲してほしい
コワい
重たい
どんな意味をもっているか話し合おう

だけ避けるようにしました。

しかし、カードの意味を広くとらえると、他のカードと意味にダブりがあります。

それに、リーダーはメンバーに影響をあたえつつ、人をいかして事をなすわけですから、**「影響をあたえる」**と**「事をなす」**、または、**「影響をあたえる」**と**「人をいかす」**はどうしてもダブります。

また、リーダー行動カードは、多くのリーダーの行動から集約されたものですから、モレが少なくなっていますが、職場によっては違うカード、違う意味のほうがふさわしいこともあり得ます。こうしたケースでは、白紙のカードを用意して自由に追加してください。自分の職場ならではのリーダー行動をつくってください。

ただし、独自のカードばかりになって、考えにカタヨリが出ないように注意してください。

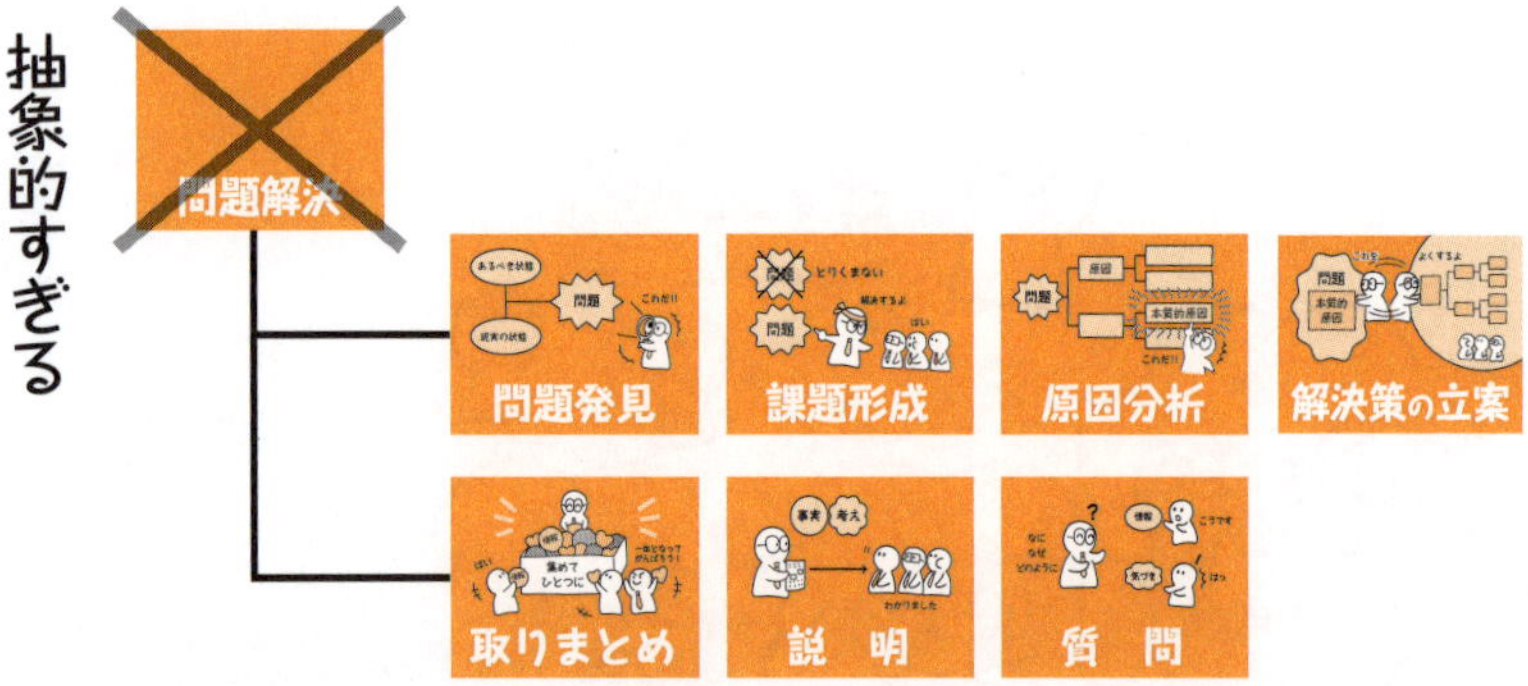

■カードの抽象度について

リーダー行動カードには、抽象的な意味のものから、具体的な意味のものまであります。

例えば、**「問題解決」**は抽象的です。

より具体的な行動として、**「問題発見」「課題形成」「原因分析」「解決策の立案」**などがあります。もっと広げると、問題や原因についての情報を**「取りまとめ」**る、解決策をメンバーに**「説明」**する、メンバーから**「質問」**を受けるなどの行動もあり得ます。

このように、リーダー行動カードは、具体的な意味を優先しました。

少し話が外れますが、マネジメントの研修を行っていると、参加者から、**「情報共有が大切だ」「マニュアルを作成して解決しよう」「勉強会も必要では」**といった言葉が出ます。大切な行動ばかりですが、**「具体的にどのような行動をとるのですか？」**と問いかけると答えがありません。誰もがわかったような気になり、深く考えることを省略できてしまう便利な言葉を乱用しているのです。

このことからも、できるだけ具体的な行動をカードにしました。

ただ、具体的すぎる行動はカードから除外しました。

例えば、**「原因分析」**のさらに具体的な行動として、**「事実情報の収集」「因果関係による構造化」「本質的原因の発見」**などがあります。ここまでカードにすると、カードの枚数が膨大になってしまいます。

「もっと具体的なカードが欲しい」と考えることは、素晴らしいことです。カードの意味が不足するようであれば、**「カードに書かれたことをより具体的にどう行動するか」**も自分に問いかけてください。

■楽しんで

リーダー行動カードの的確さを追求すると、際限がありません。マニアックさを追求すると、かえってわかりにくくなります。多少のモレ・ダブり・抽象度の違いは、容赦いただきたいと思います。

本来の目的は、直感的に、わかりやすく、楽しんで使用して、リーダー行動を理解することです。そして、自分にあったカードの組み合わせを見つけることです。

結果的に、自分流のリーダーシップをつくっていただければ、何より嬉しく思います。

第二章

職場リーダーって、なにを行うの？

zzz……。

あれ、わたし寝てた？

本がよだれだらけ。くちばしが曲がってるし。

途中で寝ちゃったけど、少しわかってきた。

リーダーって難しいけど、ペンギンの世界にも当てはまることが多い。

リーダーシップはリーダーとフォロワーの関係で成り立つ。

フォロワーがついていきたいと思ってリーダーシップが成立する。

上方影響力を使って能動的フォロワーシップを発揮する。

とかね。

リーダー
フォロワー
ついていきたい…
リーダーシップ成立！
ハッ！

そういえば、「上方」っていう字、ペンでうすく「かみがた」って書いてあった。
どこのペンギンよ。図書館の本に落書きしたの。
それに「かみがた」じゃなくて「じょうほう」よ（笑）。
話がそれたけど、リーダーの役割と行動もわかってきた。
リーダーの役割は、チームの内と外とうまく運営するんだ。
リーダーの行動は、「影響をあたえる」「事をなす」「人をいかす」の3つの分野ね。
で、リーダー行動50のカード。具体的になにがあるのかしら？

第2章の学び方

■リーダー行動

ここからはリーダー行動50について、3つの分野から紹介します。

一つめは、**「影響をあたえる」**。リーダーシップとコミュニケーションに関する行動です。

二つめは、**「事をなす」**。目標設定、目標達成活動、問題解決に関する行動です。

三つめは、**「人をいかす」**。メンバーの能力・意欲向上、チームづくりに関する行動です。

■学び方

それぞれのリーダー行動は、2ページに4つの項目を収めました。

1ページめは、最初に、リーダー行動の定義を紹介します。

次に、そのリーダー行動が発揮される場面、すなわち、リーダー行動カードを使用する場面を、ショート事例で紹介します。

2ページめは、リーダー行動のチカラを自己チェックできるようになっています。チェック項目は3つ。「はい」か「いいえ」で答えてください。

そして、リーダー行動のチカラを高める方法を紹介します。1ページめのショート事例と照らし合わせると理解が深まります。

■気になるものから、優先度をつけて

リーダー行動50は、順番に読むのではなく、パラパラと眺めて気になるものから読むのも良いでしょう。わからないものは読み飛ばし、経験を積んでから読み直すのも良いでしょう。

リーダー行動のチカラは、優先度をつけて、必要性が高いものや、取り組みやすいものから強化してください。

リーダー行動

影響をあたえる

信じる

信念

考え・行動に一貫性を生む

リーダーの信念がしっかりしていると、考えや行動に一貫性が生まれ、フォロワーからの信頼を蓄積しやすくなります。リーダーは、大切な価値観や考え方をもち、信念にもとづいて意思決定して、信念を磨き続けます。

信念とは、その人が正しいと信じている大切な考えで、意思決定のより所となるもの。

■どんなときに発揮するの（カードを使うの）？

営業チームのリーダーは、「顧客と末永く良い関係を築き、付加価値の高い商品を提供することが大切」という信念をもっています。しかし、上司から、「値引きをしてもいいから、新規の顧客を開拓するように」という指示がありました。営業メンバーを見ると、これまでの顧客と良い関係を築きつつあり、付加価値の高い商品を買ってもらえそうです。リーダーは、自分の信念とメンバーの状況を踏まえて、「新規の顧客を開拓して値引きするよりも、これまでの顧客に付加価値の高い商品を販売したい」と上司に訴えました。

経営企画チームのリーダーは、繁忙期にメンバーの残業が増え、疲労がたまっていることを気にしています。メンバーの「忙しい時期を乗り切りたい」という気持ちは嬉しいのですが、「良い仕事は健康から」というリーダーの信念からほど遠い状態です。社会的にも働き方の見直しが重要となっており、残業をこれ以上増やせないと判断して、上司に仕事量の軽減を願い出ました。一方、メンバーにも仕事を効率化するよう指示しました。

■信念のチカラをチェックしよう！

□大切な価値観や考え方をもっている
□自分の信念にもとづいて意思決定している
□信念を磨き続けている

■信念のチカラを高めるには？

■大切な価値観や考え方をもっている

自分の経験、優れたリーダーの観察、良い理論との出会いから、大切な価値観や考え方を身につけます。例えば、前向きなメンバーと仕事をした経験から、「成長のためには前向きな人の存在が大切」という価値観をもち、優れたチームリーダーが顧客満足を唱えるのを聞き、「チームの使命は顧客に貢献することだ」という考え方をもつようになります。

■自分の信念にもとづいて意思決定している

ブレない決断ができるリーダーは、自分の信念にもとづいて意思決定します。例えば、仕事の成果とメンバーの健康のどちらを優先するかを決める場面で、「良い仕事は健康から」という信念にもとづけば、健康優先の決断をします。信念がないか信念にもとづかずに決めると、関係者を強く説得できず、リーダー自身も迷いが深まり、決定が二転三転します。

■信念を磨き続けている

信念をもとに行動したら、そこから教訓を得て、信念に磨きをかけます。例えば、「既存の顧客と良い関係を築くことが大切」という信念のもとで営業したものの、「それだけでは顧客の生涯シェアは高まっても、市場シェアは高まらない」という教訓を得たら、「既存の顧客に加えて新規の顧客とも良い関係を築くことが大切」という信念へと磨きをかけます。

役割認識とは、期待される役割を理解すること。

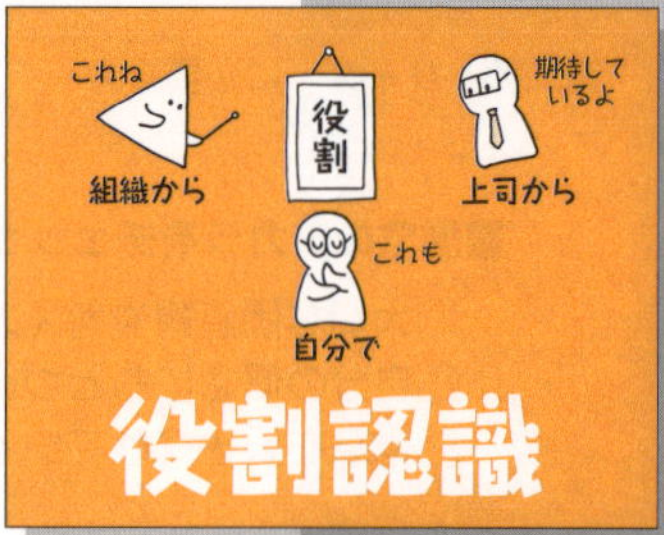

主体性・自律性を高める

それぞれの立場に役目を割り当てることは、メンバーの主体性・自律性を高め、チーム活動を効率的にするために大切です。リーダーは、自分の役割を理解し、メンバーに役割を理解させ、チームのためにできる役割を自分なりに考え出します。

■どんなときに発揮するの（カードを使うの）？

部品製造会社の開発チームのリーダーは、会社にある役割定義書を読み、「メンバーを指導して、チームの目標を達成する」というリーダーの役割を理解しました。役割定義にはないものの、上司からは「上司とメンバーのパイプ役」の役割も期待されています。さらに、自分なりに考え出した「ワークライフバランスをチームに浸透させる」という役割も果たすつもりです。

自治体で水道保守を行うチームでは、新採用職員が入ってきました。リーダーは、「まずは点検作業を正確に行うことが君の役割だよ」と理解させたうえで、簡単な点検作業をあたえ、きめ細かく指導しました。新採用職員も、「チームに元気と刺激をもたらすのが自分の役割だ」と自分なりに考え出し、明るい挨拶を実践しています。

■役割認識のチカラをチェックしよう！

□リーダーが、自分の役割を理解している
□メンバーに、期待する役割を理解させている
□チームのためにできる役割を自分なりに考え出している

■役割認識のチカラを高めるには？

■リーダーが、自分の役割を理解している

リーダーとなったら、組織で定められている役割定義を確認します。役割定義になくても上司が期待している役割を聞き出します。リーダーの役割定義は、一般的に、ＰＤＣＡサイクルを回してチームの目標達成に貢献する、メンバーを育成する、チーム全体を活性化させる、上司を補佐する、他部門と調整するなどがあります。

■メンバーに、期待する役割を理解させている

リーダーは、各メンバーの役割定義を確認したうえで、メンバーのキャリアも考慮して、メンバーに期待する役割を示します。ことあるごとに、メンバーの役割を言葉にして、役割をもとに仕事をあたえ、指導・育成し、評価することで、メンバーに役割を理解させます。

■チームのためにできる役割を自分なりに考え出している

リーダー・メンバーともに、チームのためにできる役割を自分なりに考え出すことも大切です。例えば、リーダーなら、労務管理、ハラスメント・コンプライアンスの管理、上司への情報提供などです。メンバーなら、情報提供、チームへの刺激、リーダーの補佐などです。

権限の行使

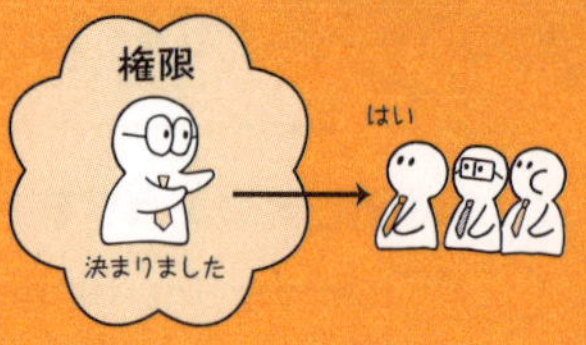

権限の行使とは、決定や行動についてあたえられる権利を使うこと。

迅速で柔軟な活動にいかす

チームが迅速かつ柔軟に活動するためには、組織がもつ力である権限が必要です。リーダーは、自分にどのような権限があるかを理解し、迅速・柔軟なチーム活動のために権限を行使して、権限委譲をうまく利用します。

■どんなときに発揮するの(カードを使うの)?

生産ラインの新任リーダーは、着任時に、リーダーの権限について説明を受けました。リーダーにあたえられる主な権限は、チームの目標を設定する権限、計画を立案する権限、メンバーを指揮命令する権限です。この権限を行使して、チーム活動を適切に行い、成果をあげる責任があると言われました。

開発部門のリーダーは、指揮命令権を持つ上司からの指示で、メンバーと作業にあたっています。この頃、上司の出張が多く、全体のスケジュールが遅れているため、上司に相談して作業をチェックする権限を委譲してもらいました。これで、上司が不在のときは、リーダーがチェックできます。チェックした後は、上司にメールで報告する予定です。

市場調査の指揮命令権を持つ企画チームのリーダーは、メンバーがどれだけデータを集めても、さらに収集を命じます。メンバーが疑問を投げかけても、権限を笠に着て、収集を命じ続けます。メンバーは、心の中でリーダーを信用しなくなっています。

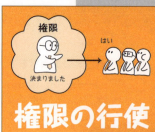

■権限の行使のチカラをチェックしよう！
□自分にどのような権限があるかを理解している
□迅速・柔軟なチーム活動のために権限を行使している
□権限の委譲をうまく利用している

■権限の行使のチカラを高めるには？

■自分にどのような権限があるかを理解している

組織から公式に権限をあたえられた場合は、権限規程を確認します。権限規程の内容がわからないときや、判断に迷うときは、勝手に解釈せず、上司に相談します。

上司から非公式に権限をあたえられた場合は、自律的に業務を遂行せよとのメッセージですが、認識違いや越権行為とならないよう、あらかじめ権限の範囲を上司に確認します。

■迅速・柔軟なチーム活動のために権限を行使している

変化が激しい時代では、現場が迅速に判断・行動できるよう、チームリーダーの裁量が増えてきました。また、現場が柔軟に活動できるよう、メンバーが創意工夫できる余地も広がってきました。リーダーは、迅速・柔軟なチーム活動のために、チームの目標設定権・計画立案権・指揮命令権・活動修正権などを行使します。

■権限の委譲をうまく利用している

チームが迅速・柔軟に活動する必要があるときは、上司に相談して権限を委譲してもらいます。また、メンバーの自律性や創造性を高めたいときは、メンバーに権限を委譲します。権限を委譲しても、無関心や過干渉にならないよう注意します。委譲したメンバーと権限の範囲を確認し、動機づけて、報連相をしっかり行わせます。

決断とは、いくつかの選択肢の中から意思決定して、他の選択肢を断つこと。

決断

資源を集中させる

決断は、他の選択肢を断ち、1つまたはごく少数を選ぶことにより、資源を集中させることができます。リーダーは、いくつかの選択肢を用意し、合理的に決断して、決断によって発生するリスクを管理します。

■どんなときに発揮するの（カードを使うの）？

営業チームのリーダーは、ある大型案件を受注するか・しないかで迷っています。受注すれば利益が増えますが、メンバーの業務負担が増すリスクがあります。

今、会社では業績が悪化しており、短期的に利益を拡大することが求められています。リーダーは、この基準に照らして、リスクを引き受けてでも受注する決断をしました。メンバーにこの経緯を説明し、一緒に頑張って難局を乗り越えようと訴えました。

スーパーの品出しチームは、陳列棚にない商品を見つけ、倉庫から出して陳列する作業を、限られた時間で行っています。この頃、商品名や保管場所がわからず自信をなくして辞めるアルバイトが多く、正社員の負担が増しています。

そこで、リーダーは、正社員のメンバーに、マニュアルを作成してアルバイトを教育するよう指示しました。その間、作業に入れないため、生産性が低下し、他のメンバーから反発が出るリスクがあります。それでも、覚悟と責任をもって決断をしました。

やがて、教育がうまくいき、定着率が高まり、チームの生産性も向上しました。

■決断のチカラをチェックしよう！

□あらかじめいくつかの選択肢を用意している
□合理的に決断している
□決断によって発生するリスクを管理している

■決断のチカラを高めるには？

■あらかじめいくつかの選択肢を用意している

決断するための選択肢には、Yes・No、A案・B案・C案……などがあります。リーダーは、多角的に考えたり、上司やメンバーと相談したりすることで、あらかじめいくつかの選択肢を用意します。その際、初めから答えありきで選択肢を用意していないかに注意します。選択肢を用意する段階でメンバーを参画させれば、決断後の反発を減らすことになります。

■合理的に決断している

決断するときは、明確な基準をもち、情報を多方面から収集して、合理的に決断します。基準には、チームのビジョン・目標・約束事などがあります。収集する情報は、事実やデータを基本として、メリット・デメリットの両面からとらえます。決断した結果と根拠は、メンバーにわかりやすく説明します。

■決断によって発生するリスクを管理している

決断とは、「決して断つ」ことですから、一時的に生産性が低下したり、メンバーの反発が生じたりするリスクがあります。こうしたリスクを想定して、事前交渉を行う、交渉条件を示す、意思決定に参画させるといった予防策を講じます。リスクが発生したら、粘り強くメンバーを説得し、あきらめずにやり遂げる姿勢をもちます。

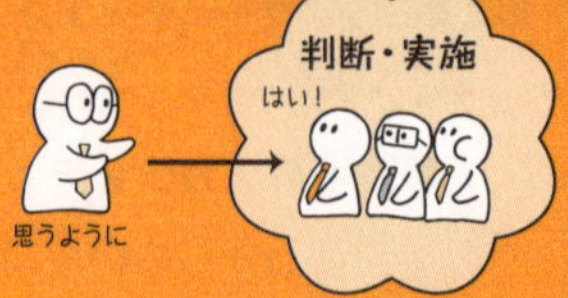

任せる

メンバーの主体性を高め成長させる

メンバーの主体性を高め成長させたいときは、仕事の判断や実施をメンバーに任せます。リーダーは、任せる目的、相手、内容を明確にして、任せた相手とのコミュニケーションを欠かさないようにします。

任せるとは、仕事の判断や実施を、メンバーの思うようにさせること。

■どんなときに発揮するの（カードを使うの）？

社内情報システムを管理するチームのリーダーは、システムのメンテナンスの専門性は高いものの仕事の幅を広げようとしないメンバーが気になっています。そのメンバーは、システム全般に関する知識が豊富で、仕事を確実にこなし、他のメンバーからの信頼も得ています。

リーダーは、そのメンバーの職務を拡充させるために、前工程であるシステムの企画を思い切って任せることにしました。具体的には、システム化する業務を分析し、関係部門と調整をとってもらいます。メンバーを呼び、こうした任せる目的と仕事内容を説明し、あなたの能力・人柄なら可能であると期待を込めて動機づけました。

ファミリーレストランのリーダーは、メンバーの勤務シフトを組み、承認する権限をもっています。ある日、急な出張が入ったため、シフトを組む作業だけサブリーダーに任せたところ、権限のない承認まで行ってしまいました。リーダーは、作業を任せることと権限を譲ることを曖昧にした点を反省し、サブリーダーにも気をつけるよう指導しました。

■任せるチカラをチェックしよう！

□任せる目的が明確である
□任せる相手と内容が明確である
□任せる相手と十分にコミュニケーションをとっている

■任せるチカラを高めるには？

■任せる目的が明確である

リーダー自身が忙しいからという理由だけで仕事を任せても、メンバーは納得しません。任せた相手の知識や技能が高まるから、意欲や主体性が高まるから、仕事の幅が広がるから、チームが協力して活動するようになるからなど、メンバーやチームの成果と成長を目指した目的を明確に設定します。

■任せる相手と内容が明確である

任せる相手は誰でも良いというわけではありません。任せる相手の能力・意欲・信頼度を見極めます。任せる内容については、前工程や後工程にまで拡大させるか、実行だけでなく計画や評価まで拡充させるか、一部だけではなく全部を担当させるかといった視点から考えます。任せることになったら、相手に目的・内容を説明して、動機づけます。

■任せる相手と十分にコミュニケーションをとっている

仕事を任せて放置するだけでは、仕事の成果や相手の成長は期待できないことから、相手と十分なコミュニケーションをとります。任せる前は、仕事の位置づけと重要性を説明して動機づけます。任せている最中は、進捗を報告させ、相談にのります。任せ終えたら、結果と活動プロセスを報告させ、達成度と成長度を一緒に確認します。

率先垂範

自ら示して方向づける

リーダーが先頭に立って手本を見せれば、リーダーの価値観や考え方を示し、チームを方向づけることができますし、メンバーの納得感と能力も高まります。リーダーは、日頃から率先行動を心がけ、率先行動の目的を明確にして、タイミングと量を調整します。

率先垂範とは、人の先頭に立って行動して、模範を示すこと。

■どんなときに発揮するの（カードを使うの）？

ホテルの予約受付部門のリーダーは、電話応対でイライラしているメンバーを見かけました。利用客が規約外の荷物を持ち込みたいと言っているからです。

リーダーは、利用客との関係維持とメンバーへの教育のため、率先して対応することにしました。電話を代わり、当社を選んでいただいたお礼を述べ、荷物を持ち込めないことでお困りになることを詫びました。そのうえで、持ち込めない規約があることを、相手の感情を害さないよう丁寧に説明して、了解を得ました。

電話を終えると、メンバーに、「規約外とはいえ、当社を選んでいただいた大切な利用客がお困りなのは事実。良い関係を維持するためにも丁寧な対応を」と教育しました。リーダーが真摯な態度で手本を示したことで、メンバーは納得して聞き入れました。

企画チームのリーダーは、他部門との利害調整の模範を示したところ、メンバーから「難しくて無理」「これからもリーダーが調整を」と言われてしまいました。そこで今後は、調整相手を探すところまで行い、その後の交渉はメンバーに任せるつもりです。

■率先垂範のチカラをチェックしよう！
□率先して行動しようと心がけている
□率先行動の目的が明確である
□率先行動のタイミングと量を調整している

■率先垂範のチカラを高めるには？

■率先して行動しようと心がけている

メンバーは、リーダーの一挙手一投足を見て、納得してから行動します。メンバーからの信頼を集め、納得して行動してもらうためにも、率先して行動します。また、率先して仕事に取り組めば、仕事のコツを体験的につかむことができ、生きた指導に役立ちます。

■率先行動の目的が明確である

多忙なリーダーが率先して行動すると、チームを運営する時間がとれないデメリットがあります。そこで、率先行動の目的を明確にして重点化します。例えば、メンバーを指導するため、メンバーを動機づけるため、チームの方針やリーダーの考えを示すために率先して行動し、残りの時間はチームの運営にあてます。

■率先行動のタイミングと量を調整している

リーダーの率先行動が過ぎると、メンバーの主体性や学習の機会を奪い、依存体質になってしまうことがあります。そこで、「どの場面で、いつから・いつまで、どれくらい」率先行動をとるかといった、タイミングと量を調整します。メンバーに交代するときは、「以降は皆さんの主体的な行動を期待します」と率先行動の終結を宣言し、自覚をもたせます。

情報
はい
情報
集めて
ひとつに
一体となって
がんばろう！

取りまとめ

情報を集約したり心をひとつにする

チーム内外の情報は意思決定に役立ちますし、メンバーの心の集まりは活性化につながります。リーダーは、チーム内外の情報とメンバーの心をひとつに取りまとめ、活動の方向性を考えます。

取りまとめとは、チーム内外の情報を集約したり、メンバーの心をひとつにしたりすること。

■どんなときに発揮するの（カードを使うの）？

営業チームのリーダーは、エリアごとにメンバーを配置していますが、活動が共有されず、心がバラバラであることに頭を悩ませています。そこで、活動状況を共有する連絡会を開催して、情報を取りまとめました。また、連絡会では、全員に共通するビジョンを共有し、メンバーと本音で語り合い、心をひとつにしました。

経理チームのリーダーは、忙しい時期に入り、メンバーの仕事量や気持ちなどを取りまとめたところ、すでに疲労が蓄積していることがわかりました。忙しい時期はまだ続くため、今のうちにゆとりのある勤務体制に変更する方向性を考え、上司に相談しました。

顧客サポートセンターのリーダーは、顧客の声をもっと収集せよという会社方針をメンバーにそのまま指示しても、情報がバラバラに集まり取りまとめが難しくなると考えました。そこで、顧客の属性・満足度・要望などの情報を効率的に集約できるよう、ヒアリングシートを渡しました。集約した情報は、応対品質の向上や製品改良につなげます。

■取りまとめのチカラをチェックしよう！

□チーム内外の情報を取りまとめている
□メンバーの心をひとつに取りまとめている
□取りまとめたことをもとに活動の方向性を考えている

■取りまとめのチカラを高めるには？

■チーム内外の情報を取りまとめている

チームの内部情報については、メンバーの活動状況や能力・要望などを集めます。外部情報については、組織の方針、関連部門からの要請、市場の動向などを集めます。あらかじめ取りまとめる項目を決めたうえで、情報を効率的に収集・整理します。

■メンバーの心をひとつに取りまとめている

メンバーの心をひとつにする方法に絶対はありませんが、一般的には、魅力的なビジョンや目標をメンバーと共有し、メンバーの考えにも耳を傾けつつ合意を形成することで、少しずつ心がひとつにまとまります。また、メンバーが働きやすい環境をつくったり、共通の目的に向かって力を合わせて活動することも、結果的に心がひとつになります。

■取りまとめたことをもとに活動の方向性を考えている

情報を集め、人心をひとつにしただけでは、仕事の価値が高いとはいえません。取りまとめたことから何が言えるかを意味づけ、何をすべきかの方向性を考えます。そこから具体策を考えるにあたっては、さらに情報を取りまとめる必要がありますが、方向性が定まっているので、収集する範囲を絞ることができます。

上司の補佐とは、上司の役割を助け、補うこと。

上司の補佐

マネジメントをサポートする

上司のマネジメントをサポートするため、自チームの仕事をやりやすくするためには、上司の補佐が大切です。リーダーは、上司と同じ目線になり、上司が補佐してほしいことを理解し、意思決定に有益な情報を提供して、上司ができないことを代わりに行います。

■どんなときに発揮するの（カードを使うの）？

商品戦略課の課長は、決め手となる情報が少なく、重点販売する商品の選択に迷っています。課長のもとで分析業務を行うチームのリーダーは、上司が迷っている姿を見て、主体的に補佐することにしました。メンバーとともに、商品ごとの利益を算出し、購入客からの声を拾い、販売ノウハウについても調査しました。

これらを取りまとめて、「A商品は利益貢献度が高い」「B商品は顧客満足度が高く将来性がある」「C商品は販売ノウハウが確立していない」と提言しました。上司は、財務の視点に、顧客満足や販売ノウハウの視点も加えて、重点販売する商品を選択できました。

上司である人事課長が急きょ出張することを聞いた採用チームのリーダーは、課長をつかまえて不在中に補佐すべきことを確認しました。その結果、会議に代理出席して情報を集めること、課員の勤怠を代理で取りまとめることになりました。

リーダーには決裁権がないため、課長が戻ってから決裁できるよう、情報を整理するつもりです。急いで決裁が必要なものは、権限規程に従い、部長に決裁してもらう予定です。

■上司の補佐のチカラをチェックしよう！
□上司が補佐してほしいことを理解している
□上司の意思決定に有益な情報を提供している
□上司ができないことを代わりに行っている

■上司の補佐のチカラを高めるには？

■上司が補佐してほしいことを理解している

上司と話し合い、また、上司の仕事を観察して、補佐してほしいことを理解します。たいていの上司は職場をマネジメントする役割があるので、リーダーも、目標管理・問題解決・部下育成・職場づくりといった職場マネジメントについて理解を深めておきます。

■上司の意思決定に有益な情報を提供している

上司は、組織の方向性に沿って意思決定しますし、上司のそのまた上司の意向も気になることでしょう。そこで、リーダーも、経営計画や上層部の意向などを理解して、関連する情報を提供します。また、市場・技術の動向やメンバーの活動状況など現場ならではの情報も提供します。情報提供だけでは上司が判断に迷うようなら、リーダーなりの考えをそっとつけ加えるのも良いでしょう。

■上司ができないことを代わりに行っている

上司が不在、または、上司が苦手とすることがあれば、上司とリーダーシップを分け合います。例えば、進捗管理・問題解決・部下育成・勤怠管理などを分担・代行します。ただし、権限を越えた行為をしないよう注意します。

前向きとは、今よりもさらに良くしようという気持ちや考えのこと。

前向き

活力のもととなる

リーダーの前向きさは、チームの活力のもととなり、最後まであきらめない気持ちになります。リーダーは、物事をプラスにもマイナスにも柔軟にとらえ、自分たちならできるという気持ちと、強い願望や責任感をもちます。

■どんなときに発揮するの（カードを使うの）？

機械部品の製造チームでは、設備の不具合で、不良品が大量に発生しました。メンバーは絶望的な表情を浮かべています。しかし、リーダーは、「過去にこのような事態を乗り越えた経験がある。このメンバーなら大丈夫」と前向きです。すかさず、設備が直るまでの手作業を指示しました。作業を二班に分け、早く正確に作業する競争も導入しました。

メンバーは半ばあきれ顔でしたが、リーダーの指示に従っているうちに作業が進みだし、競争の面白さも手伝って、気持ちが前向きになりました。

家電製造業の顧客サポートチームでは、発火の恐れがある自社製品の回収に追われています。製品は広く市場に出回り、回収が難しく、メンバーもあきらめ気味です。

リーダーは、発火による被害の拡大を防ぐ責任を感じており、その気持ちは、「何が何でも回収する」という強く前向きな言葉になって表れています。リーダーの言葉に心を打たれた営業部門が、廃業したかつての販売代理店を探し出してくれました。その顧客リストをもとに、製品回収を加速する予定です。

■前向きのチカラをチェックしよう！

□物事をプラスにもマイナスにも柔軟にとらえることができる
□自分たちならできるという気持ちをもっている
□強い願望や責任感をもっている

■前向きのチカラを高めるには？

■物事をプラスにもマイナスにも柔軟にとらえることができる

例えば、納期が迫る中、「まだ大丈夫」とプラスにとらえて気持ちを落ち着かせます。そして、「もう時間がない」とマイナスにもとらえた上で、打つ手を考えます。

また、「わからないから」「失敗が嫌だから」「傷つきたくないから」「バカにされたくないから」「責任をとりたくないから」「不利益を被りたくないから」といった、人がマイナスにとらえる心理的要因を理解して、その気持ちの解消に努めます。

■自分たちならできるという気持ちをもっている

自分たちならできるという気持ちは、成功体験、他人が成功した実績、成功できるという暗示と自信、必要な資源・方法の準備、メンバー間の信頼と協力、気力・体力の充実などから生まれます。リーダーはこうした気持ちが芽生えるよう、職場の環境を整えます。

■強い願望や責任感をもっている

願望や責任感は、何かしらの欲求の裏返しです。リーダーは、自身やメンバーの、「役に立ちたい」「自分らしくありたい」「幸せになりたい」「みんなと一緒にいたい」「褒められたい」といった欲求を刺激し、願望や責任感へと生まれ変わらせます。

説明とは、相手に事実や考えなどを伝えて、理解してもらうこと。

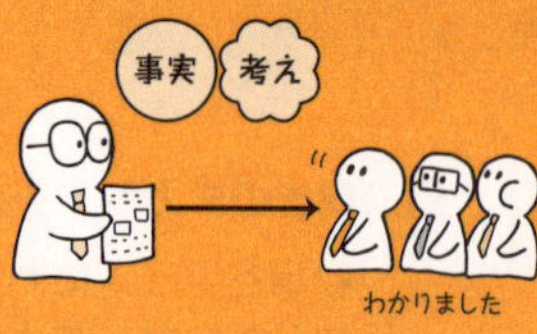

説明

相手に理解してもらう

適切な説明は、相手の理解度・納得度を高め、協力が得られやすくなります。リーダーは、説明する相手と順番を考え、事実と考えを分けて整理し、相手が理解しやすい方法で説明します。

■どんなときに発揮するの（カードを使うの）？

経理チームのリーダーは、上司に対してチームが困っていることを説明して支援を求めましたが、「チーム内で解決できるはず」と言われてしまいました。たしかに上司の言うとおりです。そこで、チームでミーティングを開き、メンバーとともに解決策を考えました。再び上司のもとへ行き、チームで解決策を考えたことと、一部の解決策は権限がないため上司に支援してほしいことを説明しました。上司は、チームが主体的に取り組む姿勢と権限に限界がある説明を聞き、納得して支援を約束しました。

企画チームのリーダーは、会議で、取り巻く状況とチームの方向性を説明しました。しかし、情熱ばかりが空回りして事実と考えがまぜこぜになり、口頭だけの説明だったこともあって、メンバーは理解できません。

そこで後日、あらためて会議を開きました。今度は、事実と考えを整理し、資料を見せ、重要な点に絞って、声に強弱をつけながら説明しました。メンバーは、チームの問題点や、重点的に取り組むべきことがはっきり理解できました。

■説明のチカラをチェックしよう！

□説明する相手と順番が適切である
□事実と考えを分けて説明している
□相手が理解しやすい方法で説明している

■説明のチカラを高めるには？

■説明する相手と順番が適切である

組織のルールや力関係などによって、説明する相手と順番は異なります。例えば、上司などの権限者の承諾を得てからメンバーに説明するケースや、反対に、メンバーに説明して理解を得てから上司に説明するケースがあります。権限者・影響力者・追随者などを見極めて、相手と順番を柔軟に考えます。

■事実と考えを分けて説明している

経営哲学者のM・P・フォレットは、指示・命令するとき、その背景となる状況を伝えることによって、メンバーに屈辱感なしに受容されるという「状況の法則」を唱えました。

事実やデータをもとに客観的な状況を説明することは、メンバーの理解を得るために大切です。一方、事実やデータばかり並べられても、気持ちはわき立ちにくいものです。「どうありたいか」「どうしたいか」といったリーダーなりの考えを情熱も交えて説明します。

■相手が理解しやすい方法で説明している

メンバーの理解度に合わせて説明の方法を工夫します。文章ならフォント・色・アンダーラインを、図表なら形状・色・組み合わせを、口頭なら抑揚・スピード・間を使い分けます。

また、段階的に説明することを意識し、ときどき相手の理解度を確認します。

説得とは、相手の自由意思を尊重しつつ、こちらが望むとおりに相手の行動を変える働きかけのこと。

説得

相手の意思を尊重しつつ相手を変える

利害が対立する場合、こちらが望んだとおりに行動してもらうために、説得を試みます。リーダーは、説得する目標と計画を立て、相手の自由意思を尊重しつつ、粘り強く説得します。

■どんなときに発揮するの（カードを使うの）？

看護師チームのリーダーは、日報を提出しない新人看護師が気がかりです。命令により強制的に提出させたところ、「リーダーに言われたから提出した」と受け身の姿勢です。そこで、リーダーは、日報の大切さを認識してもらうまで、気長に説得することにしました。本人が仕事で大きな経験をするたびに、「日報は患者を把握するうえで大切」「チームで情報を共有するために大切」「自分の学習と成長のために大切」と語りかけました。実感に照らして日報の大切さがわかった新人看護師は、必ず提出するようになりました。

営業支援チームでは、外回りの営業担当者に市場データを収集してもらう必要に迫られています。チームリーダーは、営業会議の場で、データの収集に協力するよう依頼しましたが、「自分たちは売ることが仕事だ」と反対されました。

リーダーは、相手の言い分に耳を傾け、データは将来の営業に役立つことを丁寧に説明しながら、粘り強く説得しました。こうした姿勢から少しずつ理解者が増え、営業本部長から説得してもらう作戦も奏功して、協力を取りつけることができました。

■説得のチカラをチェックしよう！

□説得する目標と計画を立てている
□相手の自由意思を尊重している
□粘り強く説得している

■説得のチカラを高めるには？

■説得する目標と計画を立てている

説得にあたっては、「誰に、いつまでに、どのような行動をしてもらいたいか」といった目標を設定します。「どの場面で、どのような働きかけをするか」といった説得の行動計画も立案します。相手も人間ですから、強要するとかえってうまくいかないことがあります。目標には余裕をもち、計画も柔軟に変更します。

■相手の自由意思を尊重している

人は説得されると抵抗します。説得が勝ち負けに置き換わると、果てしないリターンマッチになります。相手には相手なりのものの見方・考え方があるからです。そこで、説得に従うか否かの選択権は相手にあることを認識し、相手の自由意思を尊重したうえで、決定や行動を強要するのではなく、前提となるものの見方・考え方を変えるようにします。

■粘り強く説得している

説得されているとわかると相手は警戒します。良いことだとわかっても、納得するには時間がかかります。そこで、相手が拒絶したら、粘り強く説得します。相手の言い分をよく聴き、こちらの話し方を変えます。ときには、外堀を埋めるように周囲から変えていきます。誠実な態度、あきらめない姿勢や情熱が伝わり、相手の心を動かす場合もあります。

合意形成

合意形成とは、表面的な意見だけでなく、本音や価値観も明らかにして、全員が満足できる一致点をつくること。

満足する一致点をつくる

チームが一体感を高めて活動するためには、様々な考えや価値観を持つメンバーが満足できる一致点をつくる合意を形成します。リーダーは、合意を形成する姿勢をもち、コンフリクト（葛藤・対立）をうまく処理して、知恵を出し合い新しい結論を創造します。

■どんなときに発揮するの（カードを使うの）？

居酒屋におしぼりなどをレンタルする会社の総務リーダーは、社内の親睦会を企画しています。営業チームは、顧客との関係を強化するため顧客の居酒屋で開催することを主張し、経理チームは、低予算で実施するため社内の食堂で開催することを主張しています。

リーダーは、「顧客の居酒屋において、低予算で開催する」ことを究極の理想としながらも、実現可能な結論を両者で話し合わせたところ、値頃な居酒屋メニューを顧客から配達してもらい、社内の食堂で開催するという結論を創造しました。

病院の新病棟立ち上げプロジェクトには、医師・看護師・技師・事務員など様々な職種のメンバーが参加していますが、希望するレイアウトに関して意見がまとまりません。

そこで、プロジェクトリーダーが、各々の主張の背景を尋ねる、本音を探ったところ、「予算を効率的に使って、高度で安心できる医療態勢を構築する」といった共通点が見つかりました。この共通点をより所に、譲れる点・譲れない点・一部譲れる点を整理したところ、全員がほぼ納得できる結論を見つけ出すことができました。

■合意形成のチカラをチェックしよう！

□合意を形成する姿勢をもっている
□コンフリクト（葛藤・対立）をうまく処理している
□知恵を出し合い新しい結論を創造している

■合意形成のチカラを高めるには？

■合意を形成する姿勢をもっている

価値観が多様化する時代において、リーダーの考えが必ず正しいとは限らず、また、考えを押しつけてもメンバーは納得してくれません。そこで、メンバーが安心して発言できる雰囲気をつくり、どんな意見でもいったん受け止め、一緒に最適解を考えながら、合意を形成します。もちろん、合意したことを守る姿勢も大切です。

■コンフリクト（葛藤・対立）をうまく処理している

メンバーが自由に意見を言えるようになると、コンフリクトが生まれやすくなります。リーダーは、メンバーの話の内容・態度・表情などからコンフリクトを察知します。それぞれの考え方や価値観を探り、共通点を見つけ、全員が満足できるWin-Winの一致点を見つけます。そして、一致点をもとに、譲れる点・譲れない点・一部譲れる点を整理します。

■知恵を出し合い新しい結論を創造している

これまでにない新しい結論を創り出すためには、実現性は後回しにして、まず、全員が満足できる究極の理想像を描きます。次に、予算・時間・人などの制約を加味して、理想像のレベルを下げます。その理想像を実現できるよう、全員で知恵を出し、整理して、結論を創り出します。

質問とは、情報を収集するために尋ねることや、気づきをあたえるために問を発すること。

情報を収集したり気づきをあたえる

情報を的確に収集したり、相手に気づきをあたえたりするためには、効果的な質問が大切です。リーダーは、質問の目的を明確にして、質問する内容や順番を考え、相手の考えを広げたり深めたりする体系的な質問を行います。

■どんなときに発揮するの（カードを使うの）？

通信機器販売チームのリーダーは、顧客先にいるメンバーから電話を受けました。聞けば、納品が間違っているとのことです。事実を把握するため、何の商品が、いくつ不足しているかを質問しました。また、お客様の気持ちや考えについても質問しました。

これらの情報を整理して、メンバーに暫定的な解決策を指示しました。事態が落ち着き、メンバーがオフィスに戻った後、「なぜ間違えたの？」「今後どうすれば良いと思う？」と質問して、メンバーに気づきをあたえ、抜本的な解決策を考えさせました。

ある母親は、就職活動中の息子から、「内定をもらったので就職活動はやめる」と聞かされました。本人がやりたい仕事とは違うと思った母親は、「どうしてやめちゃうの？」と質問すると、「最初に内定をくれた会社だから」という答えが返ってきました。続けて、「あなたが会社を選ぶ基準は何？」「その中でどれが一番大切？」と尋ねると、「知名度・給与・やりがいのうち、やりがいが一番大切」と返ってきました。母親の質問から、やりがいのある仕事がしたいことに気づいた息子は、もう少し就職活動を続けることにしました。

■質問のチカラをチェックしよう！

□質問の目的が明確である
□質問する内容や順番が適切である
□相手の考えを広げたり深めたりする質問を行っている

■質問のチカラを高めるには？

■質問の目的が明確である

目的が定まっていない質問は、迷走しやすく時間もロスします。興味本位で質問すると、相手は不信感を抱きます。そこで、業務に必要な情報を収集するため、あるいはメンバーに問いかけて気づきをあたえるためといったように、質問の目的を明確にします。質問の前に相手に目的を説明すると、的確な情報・答えを得やすくなります。

■質問する内容や順番が適切である

質問内容にモレがあると、手戻りが生じやすくなります。質問の順番を間違えると、重複しやすくなります。そこで、質問の内容と順番を計画的に組み立てます。例えば、全体像から詳細へ質問を移す、時系列で質問する、核心や本題から質問する、周辺や本題以外から質問します。内容や順番は、質問の目的や相手のタイプに合わせて変化させます。

■相手の考えを広げたり深めたりする質問を行っている

「なぜ？　なぜ？」と問うのは大切ですが、重要ではない原因を深掘りしても非効率です。まず、「他には？　他には？」と質問して、相手の考えを広げさせます。次に、「最も悪い原因はどれ？」「優先すべき解決策はどれ？」と質問して、考えを絞り込ませます。そのうえで、「なぜ？　なぜ？」「具体的には？　具体的には？」と質問して、考えを深めさせます。

傾聴とは、事実だけではなく、気持ちまで含めて共感的に理解する聴き方のこと。

傾聴

相手の気持ちになって
わーっ
わーっ
たいへんだったね…
たいへんだったの…

気持ちを共感的に理解する

相手との関係を築き、相手の気持ちを共感的に理解して本心をとらえるためには、傾聴が大切です。リーダーは、相手の話に聴いているサインを送り、相手が言うことを積極的に受け止め、言葉と言葉以外から相手の本心をとらえます。

■どんなときに発揮するの（カードを使うの）？

倉庫で入出荷業務を行うリーダーは、あるメンバーから、「ろくに仕事をしないでおしゃべりばかりしているメンバーがいる」という不満の相談を受けました。リーダーは、積極的に話を聴き、深くうなずき、相づちを打ちました。ひととおり話を聴いた後、「あなたの気持ちはよくわかりました。どうして私に話してくれたの？」と尋ねると、「私は一生懸命に仕事をしているのに、周りのメンバーは誰も認めてくれない。リーダーにだけはわかってもらいたくて」と本心を打ち明けてくれました。

販売チームのリーダーは、上司である課長に新しい販売施策を提案しました。しかし、課長は、「あなたがこの施策を行いたいという気持ちはわかるのだが……」と言葉につまりました。「何かできない理由があるのですか？」と尋ねても、「いや……」と言葉を濁すだけです。そこで、課長の立場に立ってみて、「ひょっとして部長が反対するのですか？私の気持ちもわかるために、課長は板挟みにあっているのですか？」と尋ねると、「そうなんだよ。立場的に辛くてね……」と本心を打ち明けてくれました。

■傾聴のチカラをチェックしよう！

□相手の話に聴いているサインを送っている
□相手が言うことを積極的に受け止めている
□言葉と言葉以外から相手の本心をとらえている

■傾聴のチカラを高めるには？

■相手の話に聴いているサインを送っている

相手が安心して話してくれるためには、こちらが聴いているサインを送ります。相手の話にうなずき、相づちを打ちます。相手が発するキーワードを要所で繰り返します。ただし、繰り返しが過ぎて、相手の話の腰を折らないよう注意します。

■相手が言うことを積極的に受け止めている

傾聴では、相手が話しているときに、次に何を言おうと考えてはいけません。相手の話に向き合い、全力で耳を傾け、相手の立場や気持ちになって、一緒に感じる努力をします。相手が感じたことは、その人にとっては真実です。正しい・間違っていると評価するのではなく、そのまま受け止めます。

■言葉と言葉以外から相手の本心をとらえている

相手が発した言葉に対して、「つまり、あなたは○○と思っているのですか？」と、相手の気持ちを要約して確認をとり、本音を引き出します。相手の態度・表情、声の強弱・スピードなど、言葉以外からも核心を探ります。これらを総合して相手の本心をとらえます。

見える化

見える化とは、状況をより正しく認識するため、文字・図表・グラフなどで見えるようにすること。

正しく認識して一致させる

リーダーやメンバーが状況を正しく認識し、チームで認識を一致させるためには、見える化が大切です。リーダーは、見える化の目的を明らかにして、認識が高まる方法と、自然に目に飛び込んでくる方法を工夫します。

■どんなときに発揮するの（カードを使うの）？

企画チームでは、メンバーが、多忙のあまりチームの目標を忘れがちです。そこでリーダーは、目標を貼り出し、朝礼で繰り返し説明して、メンバーの意識を高めました。

製造チームのリーダーは、チームの生産量を貼り出し、計画比と前年比も記して、目標達成への意識を高めました。ところが、メンバーの気持ちが焦り、ヒヤリハットが続出したことから、「安全第一のうえで目標を達成しよう」という標語に書き替えました。

総務チームのリーダーは、斬新な親睦会を企画するため、メンバーとアイデアを出し合いましたが、アイデアを小さなノートに記したため、アイデアはあまり出ませんでした。アイデアは見える化することが大切だと知ったリーダーは、次の会議で、ボードを用意して、メンバーのアイデアを大きく記入しました。すると、アイデアが数多く生まれ、また、他人のアイデアに便乗してひねりを加えるメンバーが現れ、斬新なアイデアが生まれました。

■見える化のチカラをチェックしよう！

□見える化の目的が明らかである
□認識が高まる方法を工夫している
□いつでも誰でも自然に目に飛び込んでくる方法を工夫している

■見える化のチカラを高めるには？

■見える化の目的が明らかである

見える化は、あれもこれもするのではなく、特に意識してほしい、特に共有したいことに重点化します。そのため、「誰に・何を意識させるか」「誰と誰が何を共有するか」「見える化すると何が良いか」を自分に問いかけ、見える化の目的を明らかにします。

■認識が高まる方法を工夫している

メンバーの注意が散漫になるようでは見える化とはいえません。端的でわかりやすいメッセージにして、認識を高めます。職場の目標や問題についてなら、箇条書きで2～3つに絞ります。現状や進捗についてなら、図表やグラフなどで表現します。色を変えたりアンダーラインを引いたりするのも良いでしょう。チームでアイデアを出し合うときは、アイデアに番号をつけてボードに記入し、番号で呼びながら、アイデアを結合・改善します。

■いつでも誰でも自然に目に飛び込んでくる方法を工夫している

いざというときパソコンからデータを取り出さなければならないようなら、可視化といえても、見える化とはいえません。いつでも誰でも自然に目に飛び込んでくるようにするためには、職場を整理・整頓して、必要な情報だけが見える環境をつくります。目線の高さや操作する場所などに、情報が自然に目に飛び込んでくるようにします。

報連相とは、報告・連絡・相談それぞれの頭文字をとったもので、協働を促進するためにチーム内外の関係者へ働きかけるコミュニケーションのこと。

報連相

チームの協働を促進する

チームの協業を促進するためには、仕事の状況を伝える「報告」、各種情報を伝える「連絡」、助言をもらう「相談」が大切です。リーダーは、これら報連相の大切さを理解し、報連相の相手を選び、適切なタイミング・内容・方法で実施します。

■どんなときに発揮するの（カードを使うの）？

営業チームのメンバーが、商品を間違えて発注したことに気づきましたが、商品は間もなくお客様のもとに到着してしまいます。メンバーから相談を受けたリーダーは、率先して対応することにしました。

まず、発注先に連絡して、正しい商品を至急出荷してもらいました。次に、お客様に連絡して、間違った商品が納入されてしまうことを詫び、正しい商品がすぐ届くことを伝えました。不在だった上司には一連の出来事を事後報告しました。

マンションの設備管理チームのリーダーは、あるとき、現場にいるメンバーから、エレベーターで異音がするという報告を受けました。リーダーは、上司に第一報を入れて現場に急行しました。詳しく点検したところ部品の不良が見つかったので、住民にエレベーターを使用しないよう連絡しました。

事務所に戻り、ここまでの対応を上司に報告したうえで、今後の対応策について助言をもらおうと相談しました。

■報連相のチカラをチェックしよう！
□報連相の大切さを理解している
□報連相の相手を適切に選んでいる
□報連相のタイミング・内容・方法が適切である

■報連相のチカラを高めるには？

■報連相の大切さを理解している

報連相がうまくいけば、仕事の進捗状況や問題がわかり、適切な対策を打つことができます。情報を共有・交換することで、メンバーに安心感が生まれますし、新しい意見やアイデアを創造するもととなります。リーダーは、報連相の大切さを理解し、メンバーに徹底させます。もちろん、リーダーが率先して報連相を行います。

■報連相の相手を適切に選んでいる

報連相をする相手は、チーム内部なら上司やメンバー、チーム外部なら関連部門・お客様・協力会社などです。あらかじめ、チーム内外の関係者を紙などに書いておき、報連相が必要な相手を適切に選び、モレ・重複・手戻りを抑え、不必要な情報流失も防ぎます。また、協力してもらいたい相手を選んで味方につけ、意見やアイデアをもらいます。

■報連相のタイミング・内容・方法が適切である

報連相はこまめに行います。問題が発生したときはもちろんのこと、平常時でも定期的に行います。ただし、報連相の頻度が多いほど、リーダーの負荷が増します。頻度を減らして、その代わり定期会合を開催するなどの仕組みをつくります。報連相の内容は簡潔にして事実と考えを区分します。方法は、口頭、メール、書類等を使い分けます。

褒める

相手の成長を願って称える

成長を願って相手を称え、また、チームの方針や価値観を浸透させるためにも、メンバーを褒めます。「褒める」は、機嫌をとって気に入られようとする「おもねる」とは違います。リーダーは、メンバーの良い点を知り、褒め言葉をもち、褒め方を使い分けます。

褒めるとは、相手の成長を願って、相手の考えや行動の良い点を称えること。

■どんなときに発揮するの（カードを使うの）？

営業チームのリーダーは、チームメンバーの顔と名前を覚えた新入社員に、「顔と名前が一致するようになったね」と事実を示したうえで、「一歩成長したね」と称える言葉を加えました。新入社員は、顔を赤らめながらも、もっと頑張ろうと思いました。

同じリーダーは、高い目標に挑戦したが少し届かなかった中堅社員に、「お客様訪問を繰り返して最終プレゼンまでこぎつけたね」「他部門と5回も交渉したね」と、活動を事実で示したうえで、「次回はぜひ目標達成を」という期待の言葉を付け加えました。中堅社員は、活動が間違っていないことを確信し、次こそは目標を達成しようと決意しました。

同じリーダーは、チームへの貢献に使命を感じるベテラン社員に、「あなたの業績はチームでトップです」「あなたの報告書を部長に見せたら、『よくできている』と言っていました」と事実を示しました。リーダーから称える言葉や期待の言葉がなくても、事実だけをフィードバックされたベテラン社員は、自分がチームに貢献していることを実感しました。

■褒めるチカラをチェックしよう！
□メンバーの良い点を知っている
□褒め言葉をもっている
□褒め方を使い分けている

褒めるチカラを高めるには？

メンバーの良い点を知っている

まず、メンバーの考えや行動を観察して、良い悪いの解釈をはさまず、客観的な事実にもとづき把握します。次に褒める目的はメンバーの成長促進やチームの方針・価値観の浸透ですので、その目的にかなった事実を良い点として選んで褒めます。良い点を選ぶ基準は、チームおよび本人の目標達成や活性化につながるか、期待される役割やチームの方針にそっているかです。

褒め言葉をもっている

褒め言葉は、「事実をもって具体的に」が基本です。何が良かったかの事実と、なぜ良かったかの基準を明らかにしながら褒めます。今後の期待も伝えて、成長の方向性を示します。また、メンバーの成熟度にあわせて褒め言葉を変えます。成熟度が低いメンバーには小さな成功を、高いメンバーには困難に挑戦したこと・達成したことを中心に褒めます。

褒め方を使い分けている

褒め方をあれこれ知ったうえで、上手に使い分けます。例えば、メンバーの良い考えや行動をただちに、こまめに褒めて、何が良いことなのかを理解させます。時間を空けて同じことを繰り返し褒めて、メンバーの自信につなげます。人前で褒めて、メンバーの賞賛欲求を満たします。人を介して褒めて、チーム全体に褒める大切さを浸透させます。

叱るとは、相手の成長を願って、相手の考えや行動の良くない点を指摘して改善させること。

叱る

相手の成長を願って指摘する

成長を願って相手の良くない点を指摘し、また、チームの方針や改善の方向性を浸透させるためにも、感情的にならず冷静にメンバーを叱ります。リーダーは、メンバーの気になる点や改善点を知り、叱る言葉をもち、叱り方を使い分けます。

■どんなときに発揮するの（カードを使うの）？

営業チームのリーダーは、新入社員のとき、報告書の提出が遅れてしまいました。そのときは何も言わなかった上司が、後日、別の失敗をきっかけに、報告書の提出遅れを蒸し返し、感情的に怒り始めました。これを反面教師としたリーダーは、メンバーの報告書の提出が遅れたとき、すぐ指摘したうえで、理由と解決策を一緒に考えるようにしています。

同じリーダーは、作業のチェックを怠ってチームに迷惑をかけたのに反省の色がない中堅社員を別室に呼び、チェックを怠った事実や、チームに悪影響を及ぼした事実を理路整然と説明しました。そのうえで、「チームを率いる存在になってほしい。チーム全体のことを考えた行動をとってほしい」と期待を語り、本人に改善を促しました。

同じリーダーは、仕事に使命感を抱きつつも業績が降下しているベテラン社員に、何もとがめず、ベテラン社員の業績データと有望な市場データを渡しました。ベテラン社員は、自主的に反省して、渡された市場データをもとに今後の活動方針を考え始めました。

■叱るチカラをチェックしよう！

□メンバーの気になる点や改善点を知っている
□叱る言葉をもっている
□叱り方を使い分けている

■叱るチカラを高めるには？

■メンバーの気になる点や改善点を知っている

メンバーの気になる点を、そのつどあれこれ叱っても、メンバーは気分を害しますし、成長も促進されません。目標を達成できない、期待される役割を果たしていない、倫理的に問題があるといった観点から、気になる点や改善点を事実で把握します。

■叱る言葉をもっている

叱る言葉は、褒める場合と同じく、「事実をもって具体的に」が基本です。何が良くないかの事実と、なぜ良くないかの基準を明らかにしながら叱ります。叱る前と叱った直後に、期待の言葉を加えます。叱っている最中は、相手の良い点を織り交ぜます。こうすれば、冷静に叱ることができ、相手も冷静に受けとめることができます。

■叱り方を使い分けている

良くない点・改善点が見つかったら、「ここで、今すぐ」叱ります。他の人がいないところで、人格に配慮しながら叱ります。叱った後は考える時間をあたえ、十分反省するまでフォローを控えます。また、次は成功するようチャンスをあたえます。叱られて再び挑戦して成功すれば、叱られた意味をより深く理解できますし、自信につながります。

リーダー行動
事をなす

状況把握

状況把握とは、置かれた状況についての情報を収集して、実態をつかみ、的確な活動につなげること。

的確な活動につなげる

チーム活動を的確に行うためには、状況を正しく把握することが大切です。リーダーは、状況把握の目的を明確にして、情報を効率的に収集し、状況について全体像と詳細の両方をつかみます。

■どんなときに発揮するの（カードを使うの）？

衣料品販売店のリーダーは、店舗の方向性を検討する目的で、外部・内部の状況を把握しました。まず、会社全体の方針や顧客や競合店など店舗にとっての外部情報を収集しました。次に、店舗設備や運営方法、メンバーの能力・意欲などの内部情報を収集しました。これらの情報を分析して、店舗の方向性を定める予定です。

住宅設備の施工チームのリーダーは、顧客の設備に異常があるのを感じました。水回りに狙いを定め、メンバーとともに情報を収集したところ、部品が摩耗して水漏れが起きていることを突き止めました。この情報を顧客に説明して、修繕作業に入るつもりです。

品質検査チームのリーダーは、職場がギスギスしている原因をつかみ、対策に乗り出すことにしました。メンバーから聞きとりを行い、メンバーごとの作業量を調査した結果、経験豊富なベテラン社員に作業が集中し、不公平感がただよっていることがわかりました。今後は、経験が浅いメンバーを教育し、業務分担を平準化するつもりです。

■状況把握のチカラをチェックしよう！

□状況を把握する目的が明確である
□情報を効率的に収集している
□状況について全体像と詳細の両方をつかんでいる

■状況把握のチカラを高めるには？

■状況を把握する目的が明確である

目的が不明確だと、無駄な情報を集め、必要な情報を逃しやすくなります。そこで、何のために状況を把握するのか、状況を把握してどうするのかといった目的を明確にします。

■情報を効率的に収集している

限りある資源で情報収集の成果を最大化するためには、効率的に情報を収集します。そのためには、あらかじめ仕事の目的を実現する手段を考えておき、その手段が正しいかを検証するための情報を収集します。例えば、「売上を高める」という目的を実現するために、「営業担当者の能力を高める」という手段を考えたとします。すると、収集する情報は、「現在の能力レベル」「今後強化すべき能力」「能力の到達水準」「能力と売上の相関」です。

また、何の情報を、どのように収集するかをあらかじめ決めてから収集します。例えば、営業担当者の現在の能力については、「売上実績」「活動内容」の情報を、「販売管理システム」「活動日報」から収集します。

■状況について全体像と詳細の両方をつかんでいる

収集した情報をつなぎ合わせて、全体として何が言えるのかを明らかにします。あわせて、ひとつの情報をとらえて、その成り立ちや原因を探り、詳細を明らかにします。

ビジョン形成

ビジョン形成とは、努力することで到達できる2〜3年後のチームの理想の姿を描くこと。

チームの理想の姿を描く

チームの使命や理想像があると、一体感が高まり、仕事の判断基準となり、資源を集中化できます。リーダーは、努力で到達できる2〜3年後の理想像であるビジョンを描き、メンバーが共感できる内容に仕上げ、リーダーの思いも盛り込みます。

■どんなときに発揮するの（カードを使うの）？

介護施設の給食チームは、手間をかけて食事をつくっていますが、入所者に食べてもらえず返却されるのを見ると心が折れそうになります。そこで、リーダーは、「おいしいと口にしてもらえる食事をつくろう！」というビジョンを描き、メンバーに説明して、実行に移しました。入所者にアンケートをとり、日常会話から食事の好みを把握して、メニューを工夫しました。ある日、返却されたプレートの中に「食事がおいしくなって元気が出た。ありがとう」というメモを見つけ、チームは報われた気持ちになりました。

宅配便を取り扱うチームのリーダーは、取扱個数が増える中、メンバーに「頑張ろう」と声をかけ続けていました。しかし、再配達の負担が増し、人手不足も深刻で、メンバーは疲弊しています。「リーダーは健康より仕事が大切なんだよ」と陰口をたたかれる始末です。ある日、リーダーは、「従業員満足なくして顧客満足なし」という言葉を知り、まさにそのとおりだと考え、これをチームのビジョンに盛り込みました。そして、ビジョンを実現するために、取扱個数を減らして商品単価を上げるという勇気ある決断をしました。

■ビジョン形成のチカラをチェックしよう！

□努力することで到達できる２～３年後のチームの理想像になっている
□メンバーが共感できる内容になっている
□リーダーとしての思いが盛り込まれている

■ビジョン形成のチカラを高めるには？

■努力することで到達できる2～3年後のチームの理想像になっている

チームのビジョンの内容は、メンバーが一丸となって協力し、創意工夫して知恵を生み出し、粘り強く実行してこそ到達できるものにします。ビジョンの到達期限は、1年程度なら単年度の目標と変わりませんし、10年もかかるようなら環境が変わってしまいます。ホップ・ステップ・ジャンプの3段階ぐらいで、2～3年後に到達できる理想像にします。

■メンバーが共感できる内容になっている

ビジョンを描いても、メンバーに共感されないのでは、その後の活動で意欲が高まりません。理想の姿をイメージできる言葉、お客様や社会に役立っていると実感できる言葉、メンバーの能力を生かせる言葉を盛り込んで、メンバーの心を動かします。

■リーダーとしての思いが盛り込まれている

リーダーの思いが込められていない借り物の言葉では、メンバーの心に響きません。そこでリーダーの経験や価値観からくる思いをビジョンに盛り込みます。クレームをもらったとき、チームがうまくいっていないとき、大きな決断に迫られたとき、大きなことを成し遂げたときなどの節目は、チームがどうあるべきか、どうすべきかを考えるチャンスです。考えた結果を盛り込み、ビジョンに磨きをかけます。

目標設定とは、一定期間に達成するゴールを決めること。

目標設定

ゴールを決めて集中する

目標があると、ゴールである到達状態がわかり、資源を集中投入でき、達成すれば達成感を味わえます。リーダーは、周囲からの期待を把握し、取り組むべきテーマを重点化して、期限や水準を客観的に測定できる目標を設定します。

■どんなときに発揮するの（カードを使うの）？

営業チームのリーダーは、新年度にあたって、チームの目標を設定することになりました。「新規市場の開拓を」という上司からの方針を受けて、テーマは「新規顧客の受注」、期限は「年度末」、到達水準は「チームで10件」としました。そして、実現手段として、「①市場の分析、②営業ツールの充実、③営業担当者の教育」を考え出しました。

総務チームのリーダーは、サポート業務を担当するメンバーから「目標を数値化できない」という相談を受けました。「数値で表せないなら、達成した状態で表してもよい」という会社指針のもと、「サポート業務を円滑に行っている状態」という目標を設定させました。

ところが、「円滑に行っている状態」は曖昧で測定できません。年度末の面談では、達成度した・しないで言い争いになりました。そこで、次年度は、状態に指標を加えました。例えば、「伝票の作成時間を20％削減」「電話応対の時間を10％削減」したら、「サポート業務を円滑に行っている状態」に到達したことにします。メンバーとは期末の面談でこの指標で良かったのかを話し合い、継続的に指標を見直すつもりです。

■目標設定のチカラをチェックしよう！

□周囲からの期待を把握している
□取り組みテーマを重点化している
□期限や水準を客観的に測定できる

■目標設定のチカラを高めるには？

■周囲からの期待を把握している

目標を達成して周囲への貢献につなげるためには、目標を設定する前に、あらかじめ周囲からの期待を把握しておく必要があります。期待とは、顧客のニーズ、上位組織・関連部門からの要請、上司からの方針、メンバーからの要望などです。

■取り組みテーマを重点化している

限られた資源を集中して投入するためには、取り組みテーマを、3～4つ程度に重点化します。周囲への貢献やチームビジョンの実現を基準にした「重要度」、納期を基準にした「緊急度」が、ともに高いものから優先的に取り組みます。

■期限や水準を客観的に測定できる

期限（いつまでに）と到達水準（どのレベルまで）は数値で表し、客観的に測定できるようにします。仕事内容によっては、期限は設定できても、到達水準は設定しにくいことがあります。この場合は、これまでの実績、他社の似たような成果、周囲からの期待などを参考に数値化します。どうしても数値で表せないときは状態で表しますが、客観的に測定できるよう具体的に表現します。目指す状態になったと判定できる指標を加えるのも有効です。

役割分担

仕事を割り当て サブチームを 編成する

役割分担は、分業したほうが効率的なとき、メンバーの専門性が高いとき、メンバーの主体性を高めたいときなどに行います。リーダーは、割り当てる仕事を明らかにして、適切な人に仕事を割り当て、割り当てたメンバーが主体的に活動できる環境を整えます。

役割分担とは、メンバーに仕事を割り当てたり、サブチームを編成したりすること。

■どんなときに発揮するの（カードを使うの）？

製造現場で働くリーダーは、上司から「アルバイトを増やして生産量を拡大せよ」と指示を受け、チーム体制の見直しに着手しました。単純作業はアルバイトに任せ、社員は高度な仕事に就かせ、社員のうち1名は、アルバイトの教育係を兼務します。

経理チームのリーダーは、伝票処理を担当しているメンバーの将来を考え、あえて専門外の財務分析を担当させました。慣れない仕事に苦労したメンバーも、次第に伝票処理と財務分析の関係がわかるようになり、今では全体を俯瞰して仕事を行っています。

イベント会社の企画チームは、大きなプロジェクトを任されました。仕事が専門的かつ広範囲になり、現在のメンバーだけでは足りません。そこでリーダーは、イベント運営、デザイン、物品調達のエキスパートを集め、サブチームである専門担当をつくりました。一方、社内部門との調整は、現在のメンバーに行わせ、社内調整担当と命名しました。両担当は、定例会合を開催して、進捗状況や問題点を共有しています。

■役割分担のチカラをチェックしよう！

□割り当てる仕事が明らかである
□適切な人に仕事を割り当てている
□割り当てたメンバーが主体的に活動できる環境が整っている

■役割分担のチカラを高めるには？

■割り当てる仕事が明らかである

割り当てる仕事が曖昧ですと、場当たり的になり、やり直しが増え、生産性が低下します。そこで、割り当てる仕事を明確にします。チームの目標を達成するために必要な業務を考え、具体的な作業にまで展開して、作業の順番を組み立てます。

■適切な人に仕事を割り当てている

作業する時間的余裕がある人や、能力や志向にかなった人に仕事を割り当てないと、かえって混乱を招き、メンバーの意欲もあがりません。そこで、適切な人に仕事を割り当てるようにします。作業ごとに必要な能力を洗い出す一方で、メンバーの現在および今後の負荷状況や能力・キャリアを把握して、適材適所で割り当てます。割り当てた仕事に対して能力が低いときは教育します。

■割り当てたメンバーが主体的に活動できる環境が整っている

割り当てたメンバーが主体的に活動できないようでは、成果が期待できず、メンバーも成長しません。そこで、メンバーが主体的に活動できる環境を整えます。メンバーに裁量をあたえ、創意工夫できるようにします。定例会議や面談で進捗状況を把握したり、助言したりします。メンバー同士で助け合い、教え合う仕組み・雰囲気をつくります。

連携体制づくり

協力して働く手続き・ルールをつくる

役割を分担しすぎると、仕事間やメンバー間のつながりが薄れ、全体最適を見失いがちです。そこで、分担した仕事や人を連携する体制が必要です。リーダーは、連携する仕事やメンバーを明確にして、連携する仕組みづくり・場づくり・雰囲気づくりを行います。

連携体制づくりとは、メンバーが協力して働くために、手続きやルールをつくって運用すること。

■どんなときに発揮するの（カードを使うの）？

製造業の部品組み立てチームでは、組立工程と検査工程に分かれて新製品を製造する体制をつくりました。新製品を組み立てる場合、試行錯誤が予想されます。そこで、リーダーは、分業体制を維持したまま、検査工程で発見した不具合を組立工程にフィードバックするという連携体制をつくりました。具体的には、チームミーティングを週1回開き、検査工程のメンバーが不具合についての情報を提供し、チーム全員で改善策を検討します。

金融業の市場調査チームには、国内調査担当と海外調査担当があります。とはいっても、経済のグローバル化が進み、国内・海外の状況はより密接に関連しています。そこで、リーダーは、各担当のサブリーダーと、調査状況を共有する会合をつくりました。そこでの話し合いで、重点的に調査するエリアを決定するという意思決定ルールもつくりました。また、各担当のメンバーも、国内・海外の調査内容を共有する重要性を感じています。担当の枠を超えて一緒にランチをとりながら自主的に情報交換を行い、世界規模で市場動向の把握に努めています。

■連携体制づくりのチカラをチェックしよう！

□連携する仕事やメンバーが明確である
□連携する仕組みをつくっている
□連携を促進する場づくり・雰囲気づくりをしている

■連携体制づくりのチカラを高めるには？

■連携する仕事やメンバーが明確である

役割を分担しすぎると、他の人や仕事に関心がもてなくなります。一方、連携しすぎると、ミーティングなどに時間が割かれ、かえって生産性が低下します。リーダーは、全体最適の観点から、連携する（またはその必要はない）仕事やメンバーを明らかにします。

■連携する仕組みをつくっている

連携する仕組みとは、手続きやルールのことです。例えば、職務分担表やスケジュール表をつくってメンバーの仕事や動きを共有します。指揮命令系統や報告・連絡・相談ルートをつくり、情報の流れを確立します。誰が・何を意思決定するかのルールもつくります。

■連携を促進する場づくり・雰囲気づくりをしている

連携を促進するためには、情報共有や意見交換などの場づくりが必要です。会議やミーティングでは、限られた時間で良いアイデアを生む場にするために、「誰が」「いつ・どこに集まり」『何を話すか』『何を目指すのか」といった目的を明確にしておきます。また、メンバー同士がランチをとったり、おしゃべりをしたりする雰囲気をつくります。連携を奨励するリーダーの姿勢も大切です。

実行計画

具体的な行動を決める

実行計画は、目標達成に向かう道筋であり、資源を集中させ、メンバー間の協力を促し、進捗管理を行う土台となります。リーダーは、実行計画を目標達成につながる内容にして、具体的で見える化させ、進捗状況の確認や結果の評価ができるようにします。

実行計画とは、目標を達成するために必要な具体的な行動を、あらかじめ決めること。

■どんなときに発揮するの（カードを使うの）？

営業チームでは、新規顧客の開拓を目標に掲げ、その実行計画を立案することになりました。リーダーは、まずチームの実行計画として、①有望市場の分析、②営業ツールの開発、③営業担当者の育成を立案しました。次に、これらの業務をメンバーに割り当て、メンバーごとにも実行計画を立案するよう指示しました。

開発チームのリーダーは、チーム全体の開発が遅れていることが気がかりです。あらかじめ提出させた各メンバーの実行計画と進捗状況を照らし合わせ、進捗が大きく遅れているメンバーを見つけました。

本人の実行計画によると、この後、本人しかできない作業が待っていることから、遅れている作業を他のメンバーでカバーできるのは今しかありません。リーダーは、他のメンバーの実行計画をもとに、進捗状況に余裕があるメンバーを選び、応援に回しました。

■実行計画のチカラをチェックしよう！

□目標の達成につながる内容である
□具体的で見える化されている
□進捗の確認や結果の評価ができる

■実行計画のチカラを高めるには？

■目標の達成につながる内容である

計画どおり実行したのに達成につながらなかった、品質はクリアしたのにコストと納期がオーバーしてしまったという主な原因のひとつに、実行計画の内容があります。そこで、目標達成に向けて行うべきことを、逆算的・段階的に組み立てます。また、品質・コスト・納期のバランスにも注意します。

■具体的で見える化されている

実行計画を立案しても、内容が抽象的では役に立ちません。実施内容（何を）、実施者（誰が）、着手日（いつから）と完了日（いつまで）、実施方法（どのように）、資源（何を使って）を、具体的に考えます。また、「ガントチャート」や「スケジュール・ネットワーク図」などで見える化して、メンバーと認識をあわせます。

■進捗の確認や結果の評価ができる

目標達成までの期間が長い、または、水準が高いと、活動中の進捗が順調なのかどうかわかりません。そのため、品質・コスト・納期それぞれについて、「マイルストーン」と呼ばれる区切りごとの目標を設定します。マイルストーンを達成することが最終目標に近づくことにつながるので、確実性が増し、メンバーの意欲も向上します。

資源活用とは、仕事の価値を高めるために、必要となる資源を効率的に使用すること。

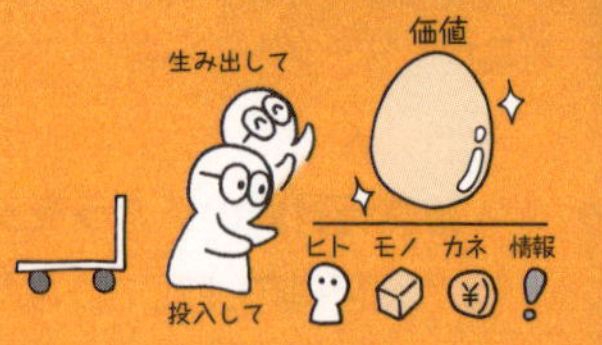

資源活用

資源を効率的に使い価値を高める

組織活動では、ヒト・モノ・カネ・情報などの資源を調達し、適材適所に投入して、上手に使用しながら、高い価値を生み出します。リーダーは、チームがもっている資源を把握し、効率的に活用します。また、本当に増やす必要がある資源だけを調達します。

■どんなときに発揮するの（カードを使うの）？

人事部門のリーダーは、従業員（ヒト）がもっているスキル（情報）を把握して、適正な配置（価値）を行うために、人事情報システム（モノ）を構築しようと考えました。まずは企画書を作成し、予算（カネ）を確保するところから始めるつもりです。

多品種の製品を製造するチームでは、製品ごとに材料（モノ）が違うため、材料の在庫量が増えて、不要となった材料を廃棄する事態が生じています。リーダーは、自チームのメンバー（ヒト）と設計部門のメンバー（ヒト）が連携してアイデア（情報）を出しあい、材料の共通化（価値）を目指すことにしました。

営業チームのリーダーは、チームミーティングで、各メンバー（ヒト）の営業手法（情報）を共有しました。営業手法は、すぐに使えるもの、アレンジすれば使えるもの、使えないものに分類できます。まずは、すぐに使えるものをチーム全体で実践して成果（価値）をあげました。この活動を通じて、「ヒト」と「情報」こそ大切だと再認識しました。

■資源活用のチカラをチェックしよう！

□チームがもっている資源を把握している
□資源を効率的に活用している
□本当に増やす必要がある資源を調達している

■資源活用のチカラを高めるには？

■チームがもっている資源を把握している

資源とは、ヒト・モノ・カネ・情報などです。これらの資源がチームにどれくらいあるか、どのように活用できそうかを把握します。ヒトと情報は、その組織に固有の資源ですので、スキルマップなどを作成して有効に活用できる状態にしておきます。

■資源を効率的に活用している

資源を効率的に活用するパターンは、投入する資源の「増」「減」と、生み出す価値の「高」「低」から、５つに分かれます。それは、①資源を減らして価値を高める、②資源を増やして価値をより高める、③価値を低めて資源をより減らす、④資源は同じままで価値を高める、⑤価値は同じままで資源を減らす、です。リーダーは、５つのパターンを念頭に、資源を効率的に活用する方針を定めます。

■本当に増やす必要がある資源を調達している

前出の５つのパターンのうち、資源を増やすことができるのは、②だけです。現場のリーダーは、資源を調達する権限まで持っていないことが多いため、上司に具申します。その際、資源を増やすことで何の価値が・どれくらい高まるか、資源の品目・量・金額はどれくらい必要かを明らかにして、本当に増やす必要がある資源を調達するようにします。

活動の推進

活動の推進とは、実行する段階において、メンバーの活動をサポートしたり、進捗を管理したりすること。

計画を実行に移し目標達成に向かう

計画を実行に移したら、活動の推進を図って計画どおりに進め、目標達成に向かいます。リーダーは、メンバーが活動しやすい仕組みや雰囲気をつくり、納期・コスト・品質それぞれから差異を把握して、是正します。

■どんなときに発揮するの（カードを使うの）？

食品メーカーの検査チームのリーダーは、主体性の高いメンバーに裁量をあたえ、できるだけメンバーの活動に介入しないようにしています。とはいえ、こまめに声をかけ、報告を求めて状況の把握に努めています。メンバーが問題を抱えたら、全員でミーティングを開き、リーダーは進行役に徹して、メンバーに解決策を考えさせます。このように、「事をなす」と「人をいかす」のバランスがとれたリーダーシップを発揮したおかげで、チームは活性化しながら目標達成に向かっています。

住宅設備の代理店支援チームは、代理店の表彰会を開催しようと準備を進めていますが、進捗が大幅に遅れています。また、予算がオーバーし、できあがった看板やパンフレットの品質も粗悪です。そこで、リーダーは、納期・コスト・品質について、予定と実績の差異を把握し、是正することにしました。その際、気をつけたのは、納期・コスト・品質のバランスです。例えば、納期短縮や品質向上のために予算をかけすぎては問題です。上司と相談して最適なバランスを考えたうえで、メンバーに是正を指示しました。

■活動の推進のチカラをチェックしよう！

□メンバーが活動しやすい仕組みや雰囲気をつくっている
□納期・コスト・品質それぞれから差異を把握している
□差異があるものについて是正している

■活動の推進のチカラを高めるには？

■メンバーが活動しやすい仕組みや雰囲気をつくっている

メンバーが主体的に活動できるよう、できるだけ自由裁量をあたえ、情報がリーダーに集まるよう報告・連絡・相談のルールを決め、メンバー同士が連携できる仕事の流れにする仕組みをつくります。また、アイデアを出しあう会議を開催して、自由な意見を奨励することで、メンバーが積極的に参画できる雰囲気をつくります。

■納期・コスト・品質それぞれから差異を把握している

納期面では、スケジュールの計画表に実績を記入して、差異を把握します。コスト面では、経過時間ごとの予算消化率をグラフに表して、予定との差異を把握します。品質面では、節目ごとに出来栄えをチェックして、目指す品質に近づいているか把握します。

■差異があるものについて是正している

納期を是正するときは、人やモノを重点的に投入したり、作業を同時並行で進めたりします。コストを是正するときは、どんぶり勘定を避け、活動を作業単位まで細かく分けて、予算を見直します。なお、納期が遅れていると予算の消化率も低くなるため、コストを抑制していると勘違いしがちですので注意します。品質を是正するときは、小集団活動を実施したり、能力不足のメンバーを重点指導したり、専門組織に依頼したりします。

評価とは、目標達成度や活動プロセスを把握して、改善と成長につなげること。

評価

達成度と活動プロセスを把握する

目標達成度や活動プロセスを評価することで、改善やノウハウ蓄積、次なる目標設定につなげます。リーダーは、評価に役立つ情報を収集し、目標と実績の差異を測定して改善につなげ、個人やチームのノウハウを蓄積させます。

■どんなときに発揮するの（カードを使うの）？

営業チームでは、目標を評価する仕組みがないため、メンバーが達成感を味わうことがなく、「目標はお飾り。達成しなくてもよい」と考えるようになりました。

そこで、リーダーは、中間評価を行い、目標との差異を把握して、改善につなげました。期末には最終評価を行い、目標の達成をメンバー全員で喜びあい、メンバーに次の目標を納得して受け入れてもらいました。また、活動プロセスについても評価しました。活動が正しかったのかを語り合い、進め方の改善やノウハウの蓄積につなげました。

期の途中に他部門から異動してきた企画チームのリーダーは、目標管理制度にもとづいてメンバーとの期末面談にのぞみます。「期末の自己評価をしてください」と要請すると、メンバーは、「自分で自分のことを評価するのですか？」と驚きました。

メンバーが目標管理制度の意義を知らないと感じたリーダーは、「自ら目標を設定し、主体的に活動を統制して、個人とチームの目標達成につなげることが大事」と意義を説明しました。メンバーは、不慣れながらも、1年間の活動を評価し、改善策を考えました。

■評価のチカラをチェックしよう！

□評価に役立つ情報を収集している
□目標と実績の差異を測定して改善につなげている
□個人やチームのノウハウを蓄積して成長につなげている

■評価のチカラを高めるには？

■評価に役立つ情報を収集している

正確に評価するためには、客観性の高い情報を集めます。できるだけ事実やデータなどでとらえ、考えや感情と区別します。情報の入手先は、メンバーからの報告だけでなく、リーダーが自ら現場に出向き、現物に触れ、現実を知り、思い込みを排除して把握します。

■目標と実績の差異を測定して改善につなげている

目標と実績に差が生じた場合は、差異がどれくらいなのかをきちんと測り、原因を究明して、改善すべき点を明らかにします。原因は、人・仕事・仕組み・風土などの観点からモレなく探ります。たとえ目標を達成しても、さらに改善する点を探します。設定した目標がそもそも的確だったのかも振り返ります。

■個人やチームのノウハウを蓄積して成長につなげている

目標達成に至る活動プロセスについて振り返り、新しい仕事の進め方、新しい技法、新しい知識や考え方など、次に生かせるノウハウを蓄積します。メンバーの能力・意欲、メンバー間の相互作用、職場の雰囲気など、見えにくいソフト面がチームにどのような影響をあたえたかも振り返り、教訓とします。

改善

より高い成果と成長を目指す

好ましくない状況を改善すれば、チームはより高い成果へ向かいます。改善によってノウハウを蓄積すれば、チームの成長につながります。リーダーは、改善すべき点を明らかにして、適切な改善策をとり、改善するなかでノウハウを蓄積します。

改善とは、評価したときに見つけた好ましくない状況を良くすること。

■どんなときに発揮するの（カードを使うの）？

設計チームのリーダーは、成果物の品質が狙いとかけ離れ、設計にかかったコストと時間も予定をオーバーしたことから、改善に着手することにしました。手順は、①本質的な原因をつかみ、②品質・コスト・納期のバランスを考慮しながら解決策を立案し、③改善活動を実行して、④改善できたかを評価する、というものです。

医療事務チームのリーダーは、新人の集計ミスを一緒に改善しています。集計過程をたどって誤りを見つけ、新人の意識面まで掘り下げて原因を探ったところ、思い込みによるうっかりミスだとわかりました。解決策は、うっかりミスを防ぐチェックリストの作成、先輩との二重チェックです。リーダーは、先輩職員に協力を依頼する予定です。

顧客サポートセンターのリーダーは、メンバーが主体的に業務を改善する姿に満足していますが、さらなる成長を目指して、応対方法を共有して標準マニュアルをつくり、新人教育に役立てました。次は、顧客満足度がより高まる応対方法を全員で考える予定です。

■改善のチカラをチェックしよう！

□改善すべき点が明らかになっている
□適切な改善策をとっている
□改善するなかでノウハウを蓄積している

■改善のチカラを高めるには？

■改善すべき点が明らかになっている

改善すべき点を明らかにする切り口として、需要の三要素である「品質・コスト・納期」や経営資源である「ヒト・モノ・カネ・情報」について、「ムリ・ムダ・ムラ」がないか考えます。例えば、納期が迫っているのにモノが足りなければ、ムリがあります。品質の低い仕事なのにヒトが余るほどいるようなら、ムダがあります。状況によってムリやムダが入れ替わるなら、ムラがあります。

■適切な改善策をとっている

問題状況を把握し、原因を特定することで、適切な改善策をとります。業務の見直しや人の教育など、仕事と人の面から改善策を考えるのが一般的ですが、根本的な原因はチームの風土やメンバーの意識にあることも多く、風土改革・意識改革も視野に入れます。

■改善するなかでノウハウを蓄積している

問題状況の共有や改善策のアイデアは、チームが成長する種となります。メンバーが共有する機会をもち、優れた方法をマニュアルなどにまとめます。マニュアルをもとに勉強会を行って業務品質を維持したり、ノウハウをさらに高めたりして、成長を目指します。

調整とは、チーム内外の関係者に働きかけること。チームの活動を円滑に行うために、

チーム活動を円滑にする

チーム内外の関係者と利害を調整すれば、チーム活動が円滑になります。リーダーは、調整はリーダーの大切な仕事であることを認識し、調整する前に落としどころを決め、調整を効率的に進め、メンバーや上司も巻き込みます。

■どんなときに発揮するの（カードを使うの）？

製品開発チームのリーダーは、営業部門に顧客の声を収集してもらうよう調整しました。事前準備の段階では、全体最適の観点から、「顧客の声を反映した製品を開発すると営業にもメリットがある」というWin-Winの状態を明らかにしました。

営業部門に依頼する段階では、「顧客の声の収集に人や時間を費やす余裕がない」「目的は理解できるが収集するノウハウがない」といった反発を受けたため、開発メンバーも同行させることで人手を補い、収集ノウハウも提供できることを説明して合意を得ました。

総務チームは、社内の各部門に、休暇を積極的に取得するよう指示する立場です。しかし、「業務量が多く人手も不足しているのに、休暇を取得できるわけがない」という反発が予想されます。

チームリーダーは、難しい調整はひと皮むける貴重な経験になると考え、この調整をサブリーダーに任せることにしました。とはいうものの、裏では上司に相談して非公式に各部門と調整してもらい、サブリーダーが調整しやすい条件を整えておきました。

■調整のチカラをチェックしよう！

□調整する前に落としどころを決めている
□調整を効率的に進めている
□調整にメンバーや上司を巻き込んでいる

■調整のチカラを高めるには？

■調整する前に落としどころを決めている

利害が異なる相手と調整する場合、痛み分けや一方だけが譲歩するのではなく、全体最適の視点から双方が満足できるWin-Winの状態を考えます。そのうえで、こちらが譲れること、相手に譲ってほしいことも考えて、落としどころを決めておきます。

■調整を効率的に進めている

まず、しかるべき相手の責任者を見つけます。権限をもち、見識・人柄に優れ、こちらの言い分にも理解を示してくれる人物が最適です。話し合いでは、リラックスした雰囲気で関係を築き、こちらの要請をはっきり伝え、相手の言い分もよく聞きます。主張の奥にある本音を引き出し、相手がこだわっている点を見つけます。一致点・不一致点が明らかになったら、Win-Winの理想状態をもとに、譲れること、譲ってほしいことを話し合います。

■調整にメンバーや上司を巻き込んでいる

調整はリーダーの大切な仕事ですが、リーダーだけでは細かい点や専門的なことまではわからないケースがあり、メンバーの主体性も高まりません。そこで、調整にメンバーを同席させたり、簡単な調整はメンバーに任せたりします。リーダーでは調整が難しいケースは上司に依頼しますが、その際、落としどころを進言し、上司の調整作業を補佐します。

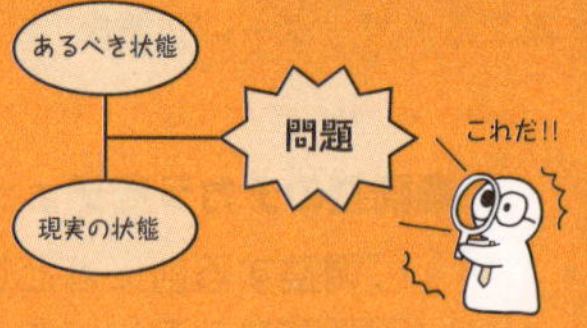

問題発見

正しく発見して認識を一致させる

目標達成に向けて活動していると様々な問題にぶつかります。問題を正しく発見しないと、解決はうまくいきません。リーダーは、あるべき状態を明らかにし、現実の状態を的確にとらえて、問題を正しく認識してメンバーと一致させます。

問題発見とは、あるべき状態と現実の状態のギャップである問題を見つけること。

■どんなときに発揮するの（カードを使うの）？

食品売り場のリーダーは、売上目標1億円（あるべき状態）に対して、実績は8千万円であることから（現実の状態）、ギャップである2千万円不足を問題としました（問題発見）。

施工チームの新任リーダーは、施工現場で、物品と物品の間に12ミリの隙間を見つけました（現実の状態）。事務所に戻って基準を確認すると隙間は8ミリと定められています（あるべき状態）。基準に対して隙間が4ミリ大きいことがわかりました（問題発見）。

経理チームのリーダーは、チームの連絡ミスが多発していることが気がかりです（問題の認識）。大きな問題につながっていないため見過ごすこともできますが、「連絡ミスをゼロにして、正しく仕事を行っている状態」を目指すことにしました（あるべき状態）。問題に関する情報を集めたところ、情報共有の機会が昨年度の半数であること、連絡ミスを悪いと感じないメンバーが9割を超えることが明らかになりました（現実の状態）。このことから、情報共有の機会不足と、連絡ミスの低意識を問題としました（問題の設定）。

■問題発見のチカラをチェックしよう！

□あるべき状態が明らかである
□現実の状態を的確にとらえている
□問題を正しく認識している

■問題発見のチカラを高めるには？

■あるべき状態が明らかである

あるべき状態がなければ問題を発見できません。「事をなす」ためのあるべき状態は、チームのビジョン、目標、仕事の基準などです。「人をいかす」ためのあるべき状態は、チームの目的や約束事、育成目標、助け合いや相乗効果などです。あるべき状態は到達する姿・状態（To Be）であり、行為・行動（To Do）ではないことに注意します。

■現実の状態を的確にとらえている

現実の状態が「意欲の低下」で、問題も「意欲の低下」と、同じ表現になってしまう悪例があります。現実の状態は、主観的な憶測・見解ではなく、「従業員調査で意欲が前年比20％減」といった客観的な事象やデータでとらえます。この現実の状態と、あるべき状態「意欲が高い状態」とのギャップから、「意欲の低下」という問題を意味づけます。

■問題を正しく認識している

あるべき状態と現実の状態が、ともに数値で表せる場合はギャップ（問題）が明確ですが、数値で表せない場合は言語でわかりやすくギャップを表現します。また、なぜ問題として取りあげるのかという理由や背景も含めて把握・説明することで、関係者の理解を得て、協力を取りつける説得材料になります。

課題形成

解決すると決めた問題に決意を込める

いくつかの問題が見つかっても、資源に限りがあれば、すべてを解決することは不可能です。解決しようと決めた問題のことを課題といいます。リーダーは、問題を解決するか・しないかを考え、課題の優先度を決めて、課題を決意ある言葉にします。

課題形成とは、問題を解決しようと決めて、言葉にすること。

どんなときに発揮するの（カードを使うの）？

施工チームのリーダーは、物品と物品の間の隙間が基準よりも4ミリ超えているという問題を発見しました。このまま放置すれば事故につながりかねないと考え、強い意思をもって解決に取り組もうと決心しました。

考えられる課題は、「物品を再設置する」「適当な物品で隙間を埋める」「原因分析を行って二度と発生しないよう抜本的な解決を施す」「こうしたことが起きないようメンバーを教育する」です。重要性・緊急性の観点から優先度をつけたところ、「物品を再設置する」ことが最優先になりました。この課題をメンバーに説明して、解決に乗り出しました。

経理チームのリーダーは、チーム内で連絡ミスが多発していることについて状況を探ったところ、情報共有の不足、連絡ミスへの意識の低さという2つの問題が見つかりました。それぞれの問題に対して別々の課題を設定することもできますが、2つの問題は関連していることから、「情報共有と意識の向上の相乗効果によって、連絡ミスを減らす」という1つの課題にまとめました。これにより、解決の方向性がより重点化されました。

■課題形成のチカラをチェックしよう！

□問題を解決するか・しないかを考えている
□いくつもの課題があるときは優先度を決めている
□課題を決意ある言葉にしている

■課題形成のチカラを高めるには？

■問題を解決するか・しないかを考えている

問題を発見したら、「解決するか」「解決しないか」から考えます。判断基準は、①権限・能力・金・時間など、その問題を解決できる資源をもっているか、②その問題を解決しないとどれくらい問題が拡大するか、その問題を解決するとどれくらい良い効果が波及するか、です。①②の基準をクリアした問題が、解決すべき問題、すなわち「課題」です。

■いくつもの課題があるときは優先度を決めている

課題がいくつもある場合、重要性と緊急性の観点から優先度を決定して、優先度の高い課題から解決します。重要性とは、あるべき状態にどれくらい貢献するかの度合いです。緊急性とは、期日がさし迫っている度合いです。重要性が高く緊急性も高い課題が、優先度の高い課題です。

■課題を決意ある言葉にしている

課題がぼんやりしていては、確実に解決することができません。リーダーの頭の中にだけあっては、メンバーに伝わりません。課題が浮かんだら、それを明確にし、解決への決意を込めて、「何を、どうする」という言葉で表します。そして、強い意思をもって関係者に説明します。

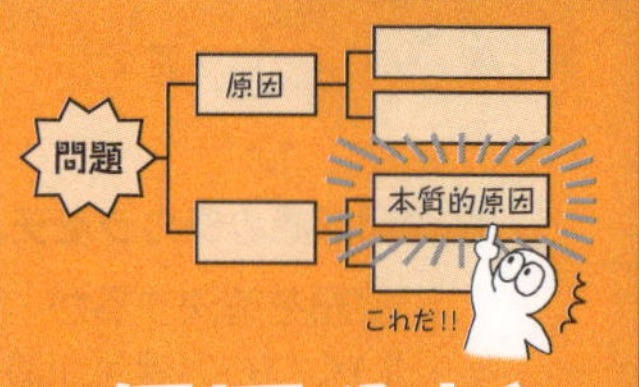

原因分析

本質的な原因から解決の方向性を見つける

問題を発見して課題を形成しても、原因がわからないと解決につながりません。リーダーは、原因をいくつも考え、また原因を深掘りして、問題に強く影響をあたえる本質的な原因をつかみ、解決の方向性を見つけます。

原因分析とは、問題を引き起こしている本質的な原因をつかみ、解決の方向性を見つけること。

■どんなときに発揮するの（カードを使うの）？

製造部門のリーダーは、製造設備が頻繁に停止することに頭を悩ませています。原因を分析したところ、重要な部品が摩耗していることが本質的な原因だとわかり、部品を交換する、部品の摩耗を抑えるといった解決の方向性が見えてきました。

支援部門のリーダーは、メンバーの残業時間が増えていることに頭を抱えています。原因を考えたところ、突発的な業務が増えていることが思い浮かびました。狭い考えにならないよう「他にも原因はないだろうか？」と自分に問いかけたところ、メンバーの業務処理能力が低いこと、早く仕事を終えても帰宅しづらい雰囲気であることも思いつきました。

これにより、突発的な業務を減らす、メンバーの業務処理能力を高める、リーダーが率先して時間内に仕事を終わらせて帰宅するといった解決の方向性が見えてきました。

次に、原因の一つであるメンバーの業務処理能力が低いことに着目して、「なぜ？　なぜ？」と原因を深掘りしました。その結果、マニュアルが整備されておらず、業務システムの操作に不慣れであることがわかり、抜本的な解決の方向性もつかみました。

■原因分析のチカラをチェックしよう！

□原因をいくつも考え出している
□原因を深掘りしている
□本質的な原因をつかんでいる

■原因分析のチカラを高めるには？

■原因をいくつも考え出している

原因は一つだけとは限りません。複数の原因が絡みあって問題を引き起こすこともあります。そこで、「他の原因は？　他の原因は？」といくつも考え出します。その際、原因にモレやカタヨリがないように、切り口・分類基準に注意します。

■原因を深掘りしている

原因分析が浅いと抜本的な解決ができません。一つの原因を取りあげ、「なぜ？　なぜ？」と原因のさらなる原因を探ります。その際、因果関係を丁寧につなぎ、論理の飛躍を防ぎます。チームの風土・規範、メンバーの心理・能力など見えにくいことまで原因を深掘りし、本質的な原因を探ります。

■本質的な原因をつかんでいる

原因分析では、問題に対して特に強い影響をあたえている本質的な原因をつかみます。できれば、影響の度合いを数値で把握します。また、原因が複雑にからみ合っている場合は、悪循環のもととなる原因や、解消することで各方面に良い影響をあたえる原因が、本質的な原因となり得ます。

解決策の立案とは、問題を好ましい方向に向かわせるための具体策を立てること。

解決策の立案

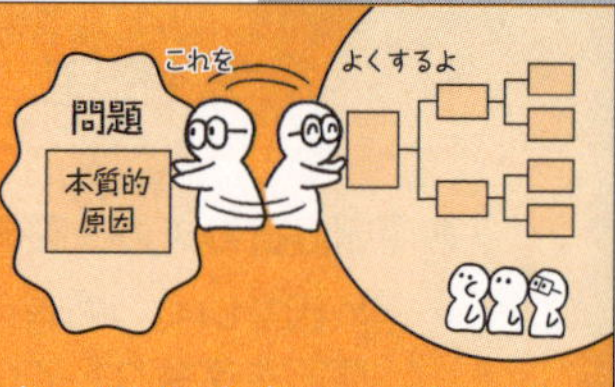

好ましい方向へ向かう具体策を立てる

解決策の良し悪しは問題解決に大きく影響するため、斬新な解決策、具体性のある解決策、限られた資源の中で優先的に着手する解決策の立案が大切です。リーダーは、解決策をいくつも考え、具体性を追求し、優先的に着手する解決策を選びます。

■どんなときに発揮するの（カードを使うの）？

製造部門のリーダーは、製造設備が異常な動作をしているのを発見しました。そこで、暫定的な解決策として設備を緊急停止し、異常な動作はとりあえず解消しました。

しかし、問題が完全に解消されたわけではありません。稼働を再開したら、再び異常が発生する恐れがあります。徹底した原因究明をしたところ、ある部品が摩耗していることを突き止めました。抜本的な解決策として、部品の交換と定期点検を行うつもりです。

お客様相談室のリーダーは、チームの雰囲気が悪くなっていることに問題を感じています。メンバーに話を聞くと、「制度が悪い」「他のメンバーが働かない」「仕事が面白くない」など複雑です。すべてに手を打つことはできず、また、どれかを解決すれば他の問題が噴き出るリスクがあります。

困ったリーダーは、悪くなった雰囲気を完全に解消するのではなく、深刻度を下げるという解決方針に切り替えました。メンバーから不満をきく場をつくり、改善できることと改善できないことを丁寧に説明して、チームの雰囲気を少しずつ変えていきました。

■解決策の立案のチカラをチェックしよう！

□解決策をいくつも考え出している
□解決策は具体的である
□優先的に着手する解決策を選んでいる

■解決策の立案のチカラを高めるには？

■解決策をいくつも考え出している

解決策が一つだけですと、比較する対象がなく、それが有効なのかわかりません。行動に移して効果がないとわかってから他の解決策を考え出すようでは非効率です。

解決策を立案する段階で、「他の解決策は？　他の解決策は？」と様々な切り口で、いくつも考え出します。一つの解決策から他の解決策を連想するのも効果的です。

■解決策は具体的である

解決策が具体的でないと行動に移すことができません。解決策を考えついたら、「どのように実現するのか？　どのように実現するのか？」と具体性を突きつめます。いくつもの解決策を時系列でつなぎ、ストーリー仕立てにするのも効果的です。

■優先的に着手する解決策を選んでいる

いくつもの解決策を考え出しても、資源の都合から、着手できる数には限界があります。そのため、優先的に着手する解決策を選びます。選ぶ基準は、効果性（効果はどれくらいか）、費用性（費用・時間・手間はどれくらいか）、実現性（実行・実現できるか）、リスク可能性（その解決策を打つと別の問題が噴出しないか）などです。

リスク管理

予防や発生時の対処を管理する

リスクを放置すると、問題が発生・拡大したり、予期せぬ副作用が生じたりします。リーダーは、リスクを洗い出して優先づけ、予防策と対処策を策定し、実行・評価・改善します。

リスク管理とは、好ましくない事態（リスク）が発生しないよう予防すること、発生を想定して事前に対処すること。

■どんなときに発揮するの（カードを使うの）？

外食チェーンの店舗で働くリーダーは、食中毒についてのリスク管理に神経をとがらせています。

材料の温度管理、調理器具の除菌、ホールの清掃などの予防策を策定・実行しています。

また、万が一食中毒が発生した場合の対処策として、来店客への対応、本部と上司への報告、関係機関との連携についてのマニュアルを整備しています。

製造部門で海外部品を調達するチームのリーダーは、為替の変動が会社全体の利益に大きな影響をあたえることを心配しています。

為替の変動リスクを軽減するため、財務部門と協力して、為替変動を吸収する金融商品を扱っています。国内部品の調達比率を上げる努力も行っています。

もし、大幅な為替変動によって調達価格が上昇しそうなときは、上司を通じて経営層に報告することになっています。他の箇所でコストを削る準備もできています。

■リスク管理のチカラをチェックしよう！

□リスクを洗い出して優先づけている
□リスクの予防策と対処策を策定している
□リスクの予防策と対処策を実行・評価・改善している

■リスク管理のチカラを高めるには？

■リスクを洗い出して優先づけている

多方面から情報を収集・分析し、あらゆる可能性を考慮しながら、リスクを多く洗い出します。そのうえで、発生確率とリスクがあたえる影響度から、リスクを優先づけます。

■リスクの予防策と対処策を策定している

優先度の高いリスクから順に、予防策および発生したときの対処策を策定します。リスク対応の方向性には、①発生原因を取り除いてリスクを解消する、②リスクの発生確率を下げる、③発生した場合の影響度を軽減する、④保険などを使ってリスクを第三者に肩代わりさせる、⑤リスクを取り除いたり軽減したりしないで受け入れる、などがあります。新たなリスクが想定されるときは、予防策および対処策を追加します。逆に、リスクがなくなったときは、策定リストから外します。

■リスクの予防策と対処策を実行・評価・改善している

リスクの予防策および発生時の対処策を実行する場合は、ヒト・モノ・カネ・時間などの資源を過度に浪費しないように注意します。実行後の効果を評価する場合は、予防策を実施してリスクが生じなかったか、発生時の対処策を実施してリスクは解消・軽減されたかを判断します。さらに、予防策・対処策の結果について要因を分析し、改善します。

リーダー行動

人をいかす

育成目標の設定

育てるゴールを明らかにする

メンバーの育成目標があると、育てるゴールが明らかになり、指導内容も重点化させることができます。リーダーは、メンバーの理想像を描く一方で、現在の能力を把握し、メンバーの育成課題を形成して、育成目標とします。

育成目標の設定とは、一定期間後にメンバーの能力が高まった状態と実施している仕事内容や成果を定めること。

■どんなときに発揮するの（カードを使うの）？

営業チームのリーダーは、新人が1年後までに、注文を10件とるぐらいの成果を出してほしいと考えています。本人もその意欲をもっていますが、現在は商品や顧客に関する知識がなく、提案技術もありません。

そこで、段階的な育成目標を設定することにしました。まず、3ヶ月後までに、主力商品の特徴と顧客の状況を理解している状態を目指します。そして6ヶ月後までに、顧客のニーズにあった商品を単独で提案している状態を目指します。

業務支援チームのリーダーは、サブ・リーダーに、チーム目標を設定できるようになってほしいと考えています。本人からは、後輩指導も行いたいという希望がありました。しかし現状は、チーム目標の設定方法がわからず、後輩指導もほとんど経験がありません。

そこで、現実的な育成目標として、1年後までにリーダーが行うチーム目標の設定とチーム運営を補佐している状態を目指します。そのための育成課題は、6ヶ月後までにサブ・リーダーが中心となり進捗管理を行い、9ヶ月後までに後輩のOJT計画を立案します。

■育成目標の設定のチカラをチェックしよう！

□メンバーの理想像を描いている
□メンバーの現在の能力を把握している
□メンバーの育成課題を形成している

■育成目標の設定のチカラを高めるには？

■メンバーの理想像を描いている

メンバーの理想像は、組織や上司から示される期待と、メンバー自身が目指したい姿を、総合して考えます。組織の期待とは、組織が示す能力要件や役割定義などです。上司の期待とは、期待する仕事内容や成果などです。メンバー自身が目指したい姿は、高めたい能力、取り組みたい仕事、キャリアビジョンなどを、面談や日常会話から把握します。

■メンバーの現在の能力を把握している

能力の三要素は、知識（知っている）、技能（できる）、態度（やろうと思っている）です。リーダーは、行動を観察したり、他のメンバーからの意見を聞いたりして、メンバーの能力を把握します。また、メンバーのこれまでの経験、学習スタイル、価値観なども把握して、指導にいかします。

■メンバーの育成課題を形成している

メンバーの理想像と現在の能力からギャップが明らかになったら、ギャップを埋める育成課題を形成します。強化する能力を3～4つに絞り込み、能力ごとに「いつまでに」「どのレベルまで」到達するかを設定して、客観的に評価できるようにします。育成の手段は、ＯＪＴ（職場内教育）を中心に、Ｏｆｆ－ＪＴ（職場外教育）や自己啓発を組み合わせます。

OJT（On the Job Training：職場内教育）計画の立案とは、仕事に必要な能力を重点的に習得させるための計画を立てること。

OJT計画の立案

計画的・重点的に職場で教育する

メンバーの能力を効率的に高めるためには、計画的なOJTが大切です。リーダーは、適切な指導者を選定し、仕事に必要な能力を重点化して、様々な指導方法を組み合わせたOJT計画を立案します。

■どんなときに発揮するの（カードを使うの）？

機械のメンテナンスを行うチームのリーダーは、メンバーのOJT計画を立案することになりました。まず、重点的に実施させる仕事を、メンテナンス計画の立案、メンテナンスの実施、報告書の作成の3つに絞り込みました。次に、これらの仕事に必要な能力のうち重点的に習得させる能力を選んだところ、機械の知識、機械の操作、機械の手触りや音から異常を感じとる技術、温度・湿度の管理、文書作成となりました。

仕事と能力を重点化したことから、座学だけではなく、現場へ同行させて指導することが有効だとわかりました。まず、事務所で簡単に機械の知識を教えます。次に、現場へ同行させて、温度や湿度を肌で感じ、機械の手触りや音をつかみ、先輩の機械操作を観察させます。その後、事務所に戻って報告書を作成させます。こうした仕事の流れが把握できたら、メンテナンス計画を立案させます。

また、メンバーの成熟度に応じて指導方法も変えます。最初は知識・技能を教え込むティーチングを行い、成長するにつれてメンバーに考えさせるコーチングを行います。

■OJT計画の立案のチカラをチェックしよう！
□適切な指導者を選定している
□仕事に必要な能力を重点化している
□指導方法を組み合わせて相乗効果を生んでいる

■OJT計画の立案のチカラを高めるには？

■適切な指導者を選定している

指導者を選定する基準は、自覚と責任があり、人柄にすぐれ、十分な知識と技能をもつ人です。将来のリーダー候補も良いでしょう。指導者の時間を確保できない場合や、いろいろな人から学んだほうが効果的な場合は、副指導者を選定したり、一部の知識・技能は別の指導者が教えたり、チーム全員で教える仕組みをつくります。

■仕事に必要な能力を重点化している

例えば、顧客先で機械のメンテナンスをするために必要な能力は、機械の知識と操作方法、メンテナンスに関する計画書や、報告書の作成方法があります。さらに広げると、顧客名、顧客への行き方、わかりやすい文書作成、仕事の段取りなど、身につける能力はたくさんあります。この中から、重点的に強化する能力を選び、段階的に習得させます。

■指導方法を組み合わせて相乗効果を生んでいる

例えば、映像を見せる、テストをする、他の指導者からも学ばせる、教える順番を変えるなど、相乗効果を生み、飽きさせない工夫をします。メンバーの成熟度に応じて、ティーチング（教え込む）とコーチング（引き出す）を変えます。集合研修などのＯｆｆ-ＪＴ（Off the Job Training：職場外教育）や、通信教育などの自己啓発を、ＯＪＴと組み合わせます。

動機づけ

意欲を高めて行動につなげる

メンバーの意欲を高め、行動につなげ、成果をあげさせるためには、動機づけが大切です。リーダーは、メンバーが何に動機づくかを知り、動機が高まる言葉を投げかけ、行動しやすいように環境を整えます。

動機づけとは、メンバーの意欲を高めて行動につなげるために、働きかけること。

■どんなときに発揮するの（カードを使うの）？

事務チームのリーダーは、自信なさそうなメンバーが気になっています。仕事を指示しても「私には難しい」「私でできるかしら」と口にします。

そこで、「あなたのスキルなら大丈夫」「あなたの力が必要」と、本人が負担に感じない程度の期待を示しました。完了報告をもらったときは、「ありがとう」「おつかれさま」と感謝と労《ねぎら》いの言葉をかけました。さらに、「次は、同じ時間で処理数を1つ増やして」とリクエストして、向上心を刺激しました。

技術チームのリーダーは、気難しいベテランメンバーに、「すごいですね」「さすがですね」といった具体性のない言葉を連発したため、動機づけに失敗したばかりか、信頼を失った経験があります。

そのベテランは、口数は少ないけれど、技術を磨き、使命感をもってチームに貢献しようとしています。これからは、具体性のない褒め言葉は控え、そのベテランのおかげでチームが成果をあげたことを、事実をもとにフィードバックしようと考えています。

■動機づけのチカラをチェックしよう！

□メンバーが何に動機づくかを知っている
□メンバーの動機が高まる言葉を投げかけている
□メンバーが行動しやすいように環境を整えている

■動機づけのチカラを高めるには？

■メンバーが何に動機づくかを知っている

日頃の会話や観察から、メンバーが何に動機づくかを把握します。参考として、アメリカの心理学者ハーズバーグ（F.Herzberg）の『二要因理論』によれば、チームの方針、作業条件、給与、人間関係は満たされないほど意欲は下がり、仕事のやりがい、責任、達成感、承認・称賛は満たされるほど意欲は上がるとしています。

■メンバーの動機が高まる言葉を投げかけている

メンバーに仕事を依頼するときは期待を添え、仕事を終えたら感謝や労いの言葉をかけます。成果やプロセスの振り返りでは、良い点と改善点ともにフィードバックします。フィードバックの言葉に、メンバーが大切にしている考えを盛り込むと自尊心を満たすことができます。日常会話の中に、励ましや期待の言葉をさりげなく盛り込むのも効果的です。

■メンバーが行動しやすいように環境を整えている

メンバーが行動する際にぶつかりそうな障害を、先回りして取り除きます。例えば、ミスしそうな点を先に教える、参考資料を渡しておく、リーダーが周囲にサポートを依頼するなどです。また、行動を促進する環境も整えます。例えば、努力すれば達成できる目標をあたえる、悩みの相談にのれる先輩をつける、成果発表の場をつくるなどです。

ティーチング

仕事を教え込む

成熟度が低いメンバーを指導するときは、仕事をじっくり教え込むティーチングを行います。リーダーは、仕事の重要さを説明し、仕事の進め方や知識・技能をわかりやすく教え、メンバーのタイプにあわせてティーチングのやり方を柔軟に変えます。

ティーチングとは、仕事の重要さ、進め方、知識・技能などをメンバーに教え込む指導技術。

■どんなときに発揮するの（カードを使うの）？

顧客サポート部門のリーダーは、新入社員に、電話の受け方をティーチングしています。まず、電話受付の重要さを説明する段階では、電話は会社の顔であり、迅速で適切な対応が求められることを説きました。次に、電話受付の進め方を解説する段階では、①着信音が鳴ったらすぐに電話に出る、②自分の会社名・氏名を名乗る、③相手の会社名・氏名を確認する、④取り次ぐか自分で対応するかを判断するという手順を解説しました。その後、リーダーが手本を示し、新入社員に何度も練習させ、一緒に練習結果を評価しました。

同じリーダーは、顧客からの問い合わせにメールで対応する中堅社員にもティーチングしています。その中堅社員は、他部門から異動してきたばかりで顧客サポートは初めてですが、社内メールは経験があります。

リーダーは、新入社員のときとは違い、一から教える必要はありません。メールでの対応も会社の顔であることを簡単に説明したうえで、顧客サポート部門に特有のメールのやり方に焦点を絞って解説しました。

■ティーチングのチカラをチェックしよう！

□仕事の重要さを説明している
□仕事の進め方や知識・技能をわかりやすく教えている
□メンバーのタイプにあわせてティーチングのやり方を柔軟に変えている

■ティーチングのチカラを高めるには？

■仕事の重要さを説明している

メンバーに仕事を教えるとき、仕事の重要さを2つの側面から説明します。一つは、その仕事はチームにどう貢献するかで、もう一つは、その仕事はメンバーにどのようなメリットがあるのかです。特に、メンバーのメリットの説明は忘れがちなので注意します。

■仕事の進め方や知識・技能をわかりやすく教えている

わかりやすく教えるためには手順が大切です。解説する段階では、全体像を示してから詳しい進め方や知識・技能を解説します。やらせる段階では、リーダーが手本を示してからメンバーに練習させます。ある程度できるようになったら思い切って任せます。確認する段階では、リーダーとメンバーが話し合って、理解度・習得度を評価します。

■メンバーのタイプにあわせてティーチングのやり方を柔軟に変えている

感覚派のメンバーには、仕事を体験させた後、詳しい説明をします。理論派のメンバーには、資料をもとに仕事の詳しい説明をした後、体験させてみて、事実やデータをもとに振り返ります。実践派のメンバーには、仕事の目標を示し、創意工夫する裁量をあたえ、成果が出たら達成感・成長感をもたせます。協調派のメンバーには、他の人と一緒に実施させて不安を取り除き、見守っている姿勢を示します。

コーチングとは、メンバーの気づきを促して考えや主体性を引き出す指導技術。

コーチング

考えや主体性を引き出す

メンバーの成熟度が高まってきたら、ティーチングを減らし、メンバーの考えや主体性を引き出すコーチングに切り替えます。リーダーは、メンバーに考えさせる姿勢を貫き、気づきや答えを促す質問を行い、話を共感的に理解します。

■どんなときに発揮するの（カードを使うの）？

顧客に電話で商品を提案する業務に就いて6ヶ月が経った新入社員は、いまだにどのように提案してよいか迷っています。そこでリーダーは、「顧客のニーズは？」「そのニーズに最適な商品は？」「その商品をお勧めするトークは？」と質問しました。

リーダーが答えを示してくれるものだと思っていた新入社員は、質問に戸惑いましたが、質問が体系的であるため考えを整理することができました。

顧客とのメールサポート業務に就いて3ヶ月が経った中堅社員は、自分が作成したメール文が顧客に理解されているのか不安です。そこでリーダーは、「メール文で本当に言いたいことは？」「それを読んだ顧客の考えや気持ちは？」「修正するとしたらどの箇所を？」といった質問をしました。

また、リーダーは中堅社員の答えに共感し、「それでいいよ」と賛同を示しました。経験を積み重ねて物事が判断できる中堅社員は、リーダーが共感的に理解しているのを見て、自分のやり方が間違っていないことを確信し、自信を深めました。

■コーチングのチカラをチェックしよう！

□メンバーに考えさせている
□メンバーに気づきや答えを促す質問を行っている
□メンバーの話を共感的に理解している

■コーチングのチカラを高めるには？

■メンバーに考えさせている

自分で考えることができるようになったメンバーに、最初から答えをあたえてしまっては、メンバーが成長しません。「答えはメンバーの中にある」という思想のもと、メンバーに考えさせ、答えを我慢強く待ちます。どうしても答えが出てこない場合は、考える視点やヒントをあたえ、答えにたどり着くよう少しずつ導いていきます。

■メンバーに気づきや答えを促す質問を行っている

気づきや答えを促す質問として、①「なに」「なぜ」「どのように」など、考える範囲を限定せず自由に答えることができる「開いた質問（オープン質問）」、②「いつ」「どこ」「誰」「どれから」など、考える範囲を限定して重要ポイントや優先順位を明らかにする「閉じた質問（クローズド質問）」を使い分け、メンバーの気持ちや考えを整理させます。

■メンバーの話を共感的に理解している

メンバーの不安を解消させ自信をつけさせるためには、メンバーの話を共感的に理解する「傾聴」が大切です。リーダーは、メンバーが話しているとき、次に言い返す言葉を探すのではなく、積極的に全力で聴きます。メンバーの本心を受け止め、不安や悩みのもとを知り、最低限の励ましと助言を行い、メンバーが前向きになるのを待ちます。

OJTの評価とは、育成目標の達成度とOJT計画の活動プロセスを振り返り、次にいかすこと。

OJTの評価

育成のゴールとプロセスを確認する

メンバーのOJTが終了したら、育成のゴールとプロセスを評価して、次につなげることが大切です。リーダーは、育成目標の達成度と活動プロセスを振り返り、リーダー自身の指導も振り返ります。両者の面談では納得感を高めて成長課題へつなげます。

■どんなときに発揮するの（カードを使うの）？

メンテナンス業務チームのリーダーは、メンバーへのＯＪＴ期間が終了し、ＯＪＴを評価することになりました。

まず、メンバーに、育成目標に対する達成度とその要因、活動プロセスにおける苦労・工夫・学び得たことを自己評価するよう指示しました。

その間、リーダーも、メンバーと同じ項目を評価しました。加えて、育成目標とＯＪＴ計画は的確だったか、指導内容や指導方法は効果があったかについて自己評価しました。

その後、リーダーとメンバーによる面談では、先にメンバーが自己評価を説明し、その後リーダーが評価を伝えました。育成目標の達成度については、メンバーの自己評価が高く、リーダーの評価は低くなっています。この点について話し合ったところ、評価基準の認識に違いがあることがわかり、双方納得できました。最後は、今後の育成の方向性についても確認し、「お互い頑張りましょうね」と言って笑顔で面談を終えました。

■ OJT の評価のチカラをチェックしよう！

□育成目標の達成度と活動プロセスを振り返っている
□リーダー自身の指導を振り返っている
□面談ではメンバーの納得感を高め、今後の成長課題へつなげている

■OJTの評価のチカラを高めるには？

■育成目標の達成度と活動プロセスを振り返っている

ＯＪＴ期間が終了したら、まず、リーダーとメンバーがそれぞれ、「何の能力が、いつまでに、どのレベルまで到達したか」といった育成目標に対する達成度を確認します。また、「達成した（しなかった）要因は何か」についても考えます。さらに、「活動中に苦労・工夫した点は何か」「何を学び得たか」などの活動プロセスを振り返ります。

■リーダー自身の指導を振り返っている

リーダーは、自分自身の「育成目標とＯＪＴ計画は的確だったか」「指導内容・指導方法は効果があったか」「メンバーの能力や性格にあわせて対応できたか」などを振り返ります。さらに、「次の指導に向けて、何を・どう改善するか」「もし能力や性格が違うメンバーを指導するとしたらどうするか」といったことを考え、今後の指導に役立てます。

■面談ではメンバーの納得感を高め、今後の成長課題へつなげている

ＯＪＴの評価面談をするときは、メンバーの納得感を高めます。先にメンバーに評価を言わせ、その後リーダーが事実をもとに評価を伝えます。両者の評価に違いがあるときは、ギャップを明らかにして、事実をもとに認識の違いを埋めていきます。さらに、今後学びたいこと、支援・助言してほしいことを聞き、成長課題へつなげます

キャリア開発の支援

育成に将来キャリアを

働く人のニーズが多様化するなか、メンバーのキャリアにもとづく育成が大切になってきました。リーダーは、メンバーにキャリアを主体的に考えさせ、メンバーのキャリアビジョンを把握して、経験の場を提供します。

キャリア開発の支援とは、メンバーが主体的に自分のキャリアを考えるように促し、実現に向けて支援すること。

■どんなときに発揮するの（カードを使うの）？

衣料品販売店のリーダーは、商品知識や接客技術の教育に力を入れていますが、なかなか意欲が高まらないあるメンバーが気になっています。メンバーに話を聞くと、「将来は違う業務をやりたいが、何をやりたいのか自分でもわからない」と言います。

そこで、メンバーに、過去から現在までの仕事経験を振り返ってもらい、将来ありたい姿や担当したい仕事を描いてみるよう指示しました。

後日、あらためて面談を行ったところ、メンバーは「本部で商品企画の仕事がしたい」と口にしました。リーダーは、「今すぐ異動することは無理だけど、店舗で少しずつ経験する場をあたえるね」と伝え、店舗で扱う商品をコーディネートして、リーダーやお客様に提案させました。さらに今後は、顧客ニーズやトレンドを調査させて、独自の商品を企画するトレーニングを積む予定です。

■キャリア開発の支援のチカラをチェックしよう！

□メンバーにキャリアを主体的に考えさせている
□メンバーのキャリアビジョンを把握している
□キャリアビジョンの実現に向けて経験の場を提供している

■キャリア開発の支援のチカラを高めるには？

■メンバーにキャリアを主体的に考えさせている

まず、メンバーにキャリアを考える大切さを伝えます。キャリアは、過去・現在・未来の流れといった時間軸と、メンバーを取り巻く人や仕事の広がりといった空間軸で考えさせます。また、リーダーの経験を語り、知識を授け、ロールモデルを紹介することで、キャリアを考えさせるよう刺激します。

■メンバーのキャリアビジョンを把握している

期首・期中・期末の面談などで、メンバーのキャリアビジョンを聞きます。キャリアビジョンが定まっていないメンバーには、気持ちや考えを引き出し、リーダーからの期待も交えて助言します。メンバー全員のキャリアビジョンを一覧表にまとめて、どのメンバーに、いつ、何の経験をさせるかを考える基礎資料にします。

■キャリアビジョンの実現に向けて経験の場を提供している

メンバーのキャリアビジョンにかなった仕事を担当させます。メンバーの能力や経験に応じて自由裁量をあたえます。仕事を経験している間は、できるだけ見守り、メンバーに創意工夫させます。一定期間後に、リーダーと一緒に経験を振り返り、達成感・成長感を感じさせます。あわせて、今後希望する仕事内容を確認します。

目的共有

貢献意欲を引き出し協働を促進する

メンバーが貢献意欲を高め、皆で協働するためには、チームの使命・ビジョンなどの目的を共有することが第一歩です。リーダーは、チームの目的を掲げ、わかりやすく説明し、メンバーに浸透させます。

目的共有とは、チームの力を結集するため、魅力的な目的をメンバーの中で共有すること。

■どんなときに発揮するの（カードを使うの）？

食品販売店のリーダーは、ヒト・モノ・カネ・情報などの資源が分散していることに頭を悩ませていました。そこで、「おいしくて安全な食品を提供することで、地域のお客様の豊かな生活を支援する」というチームの使命を掲げて、メンバーに説明しました。「地域のお客様」という貢献対象の、「豊かな生活を送る」というニーズが鮮明になったことから、チームの力を注ぐ方向が明らかになりました。また、「おいしくて安全な食品」という貢献内容も明らかになり、資源を集中できるようになりました。

スポーツウエアの商品企画チームでは、機能・デザイン・量産化・販売など、専門分野が違うメンバーが集まっています。リーダーは、多様なメンバーの人心をまとめるためには、全員が目指す方向性が必要だと考え、「メンバーの力を合わせて、3年後に新しいジョギングウエアを市場に投入する」というビジョンを掲げました。

メンバーに説明する際は、「着てみたいもの、つくってみたいもん！」というわかりやすいスローガンを掲げ、新商品の絵コンテも示して、イメージを共有しました。

■目的共有のチカラをチェックしよう！

□力を結集するチームの目的がある
□チームの目的をわかりやすく説明している
□チームの目的がメンバーに浸透している

■目的共有のチカラを高めるには？

■力を結集するチームの目的がある

資源の分散を防ぎ、チームが効率的に活動するためには、メンバーの心と資源をひとつにまとめる魅力的なチームの目的が必要です。誰に（貢献対象）、何の価値を（貢献内容）どのような資源・方法で（貢献方法）提供するかを示したチームの使命や、努力することで到達できる2～3年後の将来像を示したチームのビジョンを、チームの目的にします。

■チームの目的をわかりやすく説明している

リーダーは、チームの目的を、思いを込めて自分の言葉で語ります。チームを取り巻く状況、チーム全員で目指す方向性、メンバーに期待することなどを、わかりやすい言葉で説明します。スローガンやイラストにするのも効果的です。

■チームの目的がメンバーに浸透している

チームの目的は、説明して終わりではなく、メンバーが理解・納得して行動に移す必要があります。そのためには、チームの目的づくりにメンバーを参画させ、目的の意味を全員で語り合い、全員でスローガンを考えさせます。メンバーの数が多い場合は、小集団に分け、集団ごとの目的も考えさせて、チーム全体の目的と整合をとります。

チームの約束事とは、メンバー全員が大切にしたいことや、守るべきこと。

チームの約束事

チームワーク良く活動する

チームワーク良く活動するためには、チームにふさわしい約束事をつくり、守ることが大切です。リーダーは、チームが大切にしたい「行動指針」、メンバー全員が守るべき「行動規範」を明らかにして、浸透させます。

■どんなときに発揮するの（カードを使うの）？

イベント企画チームのリーダーは、「感動と驚きを提供する」という行動指針を打ち出し、そのために全員が守ることとして、①異なる意見を歓迎する、②納得するまで話し合う、③決まったことは後から蒸し返さない、という行動規範を設定しています。

リーダーは、メンバーの意見を率先して受け入れ、納得するまで話し合い、決まったことはリーダーであっても蒸し返しません。この姿を見たメンバーは、安心して発言するようになりました。意見の対立が起きても、ルールに従い、民主的に合意を形成しています。

鉄道会社の現業部門で働くリーダーは、「安全・安定な運行が、利用者の安心につながる」という価値観を大切にしています。そして、チームの約束事として、「安全第一、手順を守って確実に作業をする」というメッセージを、朝礼や会議で伝え続けています。

ある日、素手で危険な作業を行うメンバーを見つけました。リーダーは、約束事に照らして、是正するよう厳しく指導しました。一方、手順を守ったときは、全員の前で褒めました。リーダーの是々非々の姿を見たメンバーは、信頼を寄せるようになりました。

■チームの約束事のチカラをチェックしよう！

□チームが大切にしたいことを明らかにしている
□メンバー全員が守るべきことを明らかにしている
□チームの約束事をメンバーに浸透させている

■チームの約束事のチカラを高めるには？

■チームが大切にしたいことを明らかにしている

チームの約束事のうち、チームが大切にしたいこと、すなわち「行動指針」は、チームの使命やビジョンを具体化したものにします。リーダーの思いやメンバーのニーズも反映させます。行動指針がたくさんある場合は、2～3個に重点化します。

■メンバー全員が守るべきことを明らかにしている

チームの約束事のうち、メンバー全員が守るべきこと、すなわち「行動規範」も、チームの使命やビジョンを具体化したものにします。コンプライアンスの遵守も反映させます。この行動規範に照らして、メンバーの行動の良し悪しを判断します。

■チームの約束事をメンバーに浸透させている

チームが大切にしたい「行動指針」と、守るべき「行動規範」をメンバーに浸透させるためには、わかりやすく表現します。具体的には、キーワード、箇条書きなど、わかりやすく印象に残る言葉で表現し、朝礼・会議・指導などの場で、折に触れて説明します。守ったときは褒め、守らなかったときは是正させることで、暗黙の判断基準ができあがり、メンバーの中に浸透します。もちろん、リーダーが率先して守ることが大切です。

チームに良い影響をあたえる

雰囲気づくり

チームの雰囲気とは、メンバーが情報や気持ちでつながる見えない気分のことで、チーム活動の様々な面に影響します。リーダーは、雰囲気を敏感に感じとり、率先して良い雰囲気をつくる一方で、メンバーが自主的に雰囲気を良くするように仕掛けます。

雰囲気づくりとは、チームの中で自然につくり出される空気をうまくコントロールすること。

■どんなときに発揮するの（カードを使うの）？

社内変革プロジェクトの初日、集まったメンバーは「自分は役に立つのか」という不安を抱えていました。そこに微笑みを浮かべたリーダーが登場し、プロジェクトに参加した感謝とメンバーへの期待を口にしました。明るく落ち着いた部屋には、雑談できるソファーとお菓子が用意され、メンバーは安心して発言し、率直な議論が交わされ始めました。

業務支援チームでは、マンネリ感が漂い、納期遅れや品質低下が続いていました。新しく着任したリーダーは、こうした状況を厳しく指摘し、徹底した改善を求め、自らも陣頭指揮にあたり、改善したら大いに褒めました。やがてチームに良い緊張感が生まれ、メンバーも信賞必罰のリーダーに納得し、期待に応えていこうという意欲が芽生えました。

試作品の開発チームでは、思うような結果が出ず、あきらめムードです。しかし、リーダーはひとりでも試作を続け、上司に期間延長を申し出て、専門家から助言をもらいました。その姿に刺激を受けたチームは、あきらめずにやり遂げる雰囲気に変わりました。

■雰囲気づくりのチカラをチェックしよう！

□チームの雰囲気を敏感に感じとっている
□リーダーが率先して良い雰囲気をつくっている
□メンバーが自主的に雰囲気を良くするように仕掛けている

■雰囲気づくりのチカラを高めるには？

■チームの雰囲気を敏感に感じとっている

リーダーは、チームの中に、気遣い・感謝・称賛の気持ちがあるかを感じとります。コミュニケーションの質や量、メンバーの協力姿勢、メンバー間の相互作用ついても観察します。雰囲気は目に見えないので、今の状態が絶対に良い・悪いとはいえません。そのため、過去と現在のチーム状態を比較して、雰囲気の良否を相対的に判断します。

■リーダーが率先して良い雰囲気をつくっている

リーダーが、率先してメンバーとのコミュニケーションを増やし、協力する姿勢を示します。信賞必罰・率先垂範などの姿を見せることで、暗黙の規範をつくります。一方、ゆったり会話できるスペースをつくり、定例のミーティングを開催して、メンバーと自由な意見を述べあいます。チームを小グループに分け、誰もが発言できる環境をつくります。

■メンバーが自主的に雰囲気を良くするように仕掛けている

リーダーは、メンバーが自主的に雰囲気を良くするよう、上手に仕掛けます。具体的には、メンバーが自由に発言し合える機会をつくり、活発な意見交換や独創的なアイデアを奨励します。あえて挑戦的な課題をあたえ、力を合わせて困難を乗り越えさせます。チームの雰囲気が変化し始めたら、早すぎず・遅すぎず、さらに良くするための手を打ちます。

働きやすい環境づくりとは、安心して働くことができ、個人とチームが活性化する状況をつくること。

働きやすい環境づくり

安心して働ける

働きやすい職場環境づくりが実現すると、メンバーが職場に愛着をもち、チームが活性化して生産性の向上にもつながります。リーダーは、チームの生産性と職場環境の関係を把握し、職場環境の良い点・良くない点をつかみ、職場環境を計画的に改善します。

■どんなときに発揮するの（カードを使うの）？

総務チームは、薄暗く、清潔感に欠け、空調が悪く、休憩スペースもないオフィスで働いています。メンバーは、気持ちが沈み、会話が少なく、活気がありません。

リーダーは上司に職場環境の改善を申し入れ、その結果、今年度は照明を明るくして観葉植物をとり入れました。また、メンバー全員で自主的に清掃を行い、レイアウトを変更して休憩スペースを設けました。来年度はきちんと予算を確保して、オフィスをクリーニングし、空調を取り替える予定です。

あるベンチャー企業では、業績の急拡大に伴って業務量が増大しています。仕事をつぎはぎで割り当てられたメンバーは、能力がいかせず、効率も上がらず、意欲を失っています。自分の仕事以外は誰も手をつけず、放置された顧客からクレームが来ています。

リーダーは、チームの役割分担を見直し、メンバーの能力にあった仕事を割り当てました。助け合いを奨励して、役割以外の仕事に取り組むメンバーを評価しました。こうしてチームは、少しずつ活気が増し、生産性が向上しました。

■働きやすい環境づくりのチカラをチェックしよう！

□チームの生産性と職場環境の関係を把握している
□職場環境の良い点・良くない点をつかんでいる
□職場環境を計画的に改善している

■働きやすい環境づくりのチカラを高めるには？

■チームの生産性と職場環境の関係を把握している

心理学者クルト・レヴィンの『場の理論（field theory）』では、行動の結果は、人の能力・意欲と環境に関係するとしています。これにもとづき、チーム生産性に影響をあたえる要因を、メンバーの能力・意欲に加えて、職場環境からも把握します。

■職場環境の良い点・良くない点をつかんでいる

職場環境に影響をあたえる要因には、①職場の広さとレイアウト、照明、空調、休憩場所などの「物理的空間」と、②仕事の中身、仕事の割り当て、連携の仕組み、雰囲気、メンバーの能力・意欲などの「仕事の成り立ち」があり、これらは相互に作用します。これらの観点から、職場環境の良い点・良くない点を見つけます。

■職場環境を計画的に改善している

職場環境の改善には、チームですぐに工夫できることと、予算や時間を確保してからでないと取りかかれないことがあります。職場環境の良し悪しを決める要因は、メンバーの精神的な満足度によるところも大きいため、まず、すぐに工夫できることを見つけ、メンバーを参画させることで職場への愛着を高めさせます。その間に予算や時間を確保して、本格的な改善に取り組みます。

助け合いとは、メンバーの能力や資源などをもち寄って、補い合うこと。

助け合い

足りないものを補い合う

能力が 0.5 のメンバーに 1.5 のメンバーを合わせて 2.0 になるように、助け合いは不足する知識・経験・労働力・物品・予算などを補い合います。リーダーは、助け合う雰囲気をつくり、メンバーの助け合う能力を向上させ、助け合いを効率的に進めます。

■どんなときに発揮するの（カードを使うの）？

製造現場で機械メンテナンスを担当するチームは、ある機械のトラブル対応に苦慮しており、後工程にも影響が出始めています。これに気づいた後工程のメンバーは、自分たちの作業を止め、知識や経験をもち寄って、トラブル対応をサポートしました。

最初は「後工程の自分たちが困るから」という理由でサポートしていたメンバーも、トラブル対応のめどが立つと、メンテナンス方法の不備に言及し始めました。不備を指摘されたメンテナンスチームは、いつもなら喧嘩腰になるところですが、手伝ってもらったこともあり謙虚に不備を見直したところ、機械トラブルがなくなりました。

営業チームでは、若手メンバーの商品知識がなかなか高まりません。そこで、リーダーは、知識が豊富なベテランメンバーに、勉強会の講師になってもらうよう依頼しました。ベテランが書き記してきた虎の巻のようなノートを見せてもらった若手メンバーは、大いに刺激を受け、積極的に勉強しました。今では、自分たちで商品マニュアルを作成し、新人教育に役立てています。

■助け合いのチカラをチェックしよう！

□チームに助け合う雰囲気をつくっている
□メンバーの助け合える能力を向上させている
□チームで助け合いを効率的に進めている

■助け合いのチカラを高めるには？

■チームに助け合う雰囲気をつくっている

助け合いの気持ちは、チームにある雰囲気から生まれます。助け合う雰囲気をつくるためには、チームの目的を共有し、助け合いは目的達成につながることを説明します。困ったときはお互いさまと説き続け、助け合いを奨励し、感謝と素直さを大切にさせ、表彰制度をつくり、助けたメンバーを称賛します。これらをリーダーが率先して模範を示します。

■メンバーの助け合える能力を向上させている

より良い助け合いのためには、メンバーの広く深い知識・技能がものをいいます。そのためには、多能工化による助け合いを見すえたＯＪＴを実施します。休憩時間などに他の担当者と交流する場をつくり、成果発表会を開催して、少しずつ他の業務に関心をもたせます。業務の交互交流やジョブローテーションを行い、能力を向上させます。

■チームで助け合いを効率的に進めている

助け合いを始めても、活動がバラバラでは効率が良くありません。助け合いを効率的に進めるためには、まず、「何を重点的に助け合うか」を定めます。次に、「誰の、何の能力・資源を補うか」を見極めます。そのうえで、助ける側を動機づけ、助けられる側も素直に積極的に受け入れるよう促します。

相乗効果とは、メンバーが知識・経験を出し合い、チームで新しいノウハウに生まれ変わること。

生産性を高め変革の種にする

不足する能力を補い合う助け合いは、能力の総和にしかなりません。総和を超えるためには、相乗効果が必要です。リーダーは、メンバーに知識・経験を紹介してもらい、うまく取りまとめて、チームで新しいノウハウに生まれ変わらせます。

■どんなときに発揮するの（カードを使うの）？

大手ホテルの広報チームのリーダーは、チラシなどの紙媒体とWeb媒体をミックスした広告戦略を模索しています。しかし、紙とWebでは担当が違うため、今まで本格的な議論がなされていません。

リーダーは、両担当者を集め、利用者が関心をもってくれた経験をそれぞれ話してもらった結果、「和モダン」というコンセプトが生まれました。今後は、このコンセプトを両媒体でミックスして、大々的に訴求する予定です。

商品企画チームでは、様々な部門からメンバーが集まり、新商品を企画しています。自由奔放、批判厳禁のルールのもとでアイデアを自由に語り合いましたが、発言をボードに記さなかったため、アイデアがむなしく空中を漂い消えていき、時間だけを浪費しました。

反省したリーダーは、次回からアイデアをすべてボードに記して見える化したところ、あるアイデアをじっと見つめていたメンバーからひねりを加えた改善案が生まれました。

こうして生まれたたくさんのアイデアに磨きをかけて、斬新な企画ができあがりました。

■相乗効果のチカラをチェックしよう！

□メンバーが知識・経験を紹介し合っている
□知識・経験をうまく取りまとめている
□チームで新しいノウハウに生まれ変わっている

■相乗効果のチカラを高めるには？

■メンバーが知識・経験を紹介し合っている

メンバーが知識・経験を安心して出すことができる仕組みや雰囲気をつくります。個人の知識が保護されるルールをつくり、小さな知識・経験でも良いから紹介することを奨励し、リーダーが率先して紹介します。人の役に立ちたいという基本的な欲求を刺激するため、出し合った知識・経験がどう役立っているかをフィードバックします。

■知識・経験をうまく取りまとめている

知識・経験が数多く出されたら、取りまとめたり、優れたものを選択したりします。具体的には、似たものを分類し、共通事項から本質を探り、全体を眺めて意味づけます。そして、すぐに使えそうなアイデアや、磨けば使えそうなアイデアを選びます。取りまとめた内容をボードに記し、メンバーから意見をもらい、小さな合意形成を繰り返します。

■チームで新しいノウハウに生まれ変わっている

メンバーがもつ知識・経験を出し合い、うまく取りまとめたら、チームとして新しいノウハウに生まれ変わらせます。ノウハウには今すぐ高い成果が得られるものや、すぐには成果につながらないけれど将来の変革の種になるものもあります。いずれにしても、目に見える形で蓄積し、積極的に活用して、改良を加えます。

意識改革とは、これまでの考え方や取り組み姿勢を、良い方向へと変えること。

意識改革

探究心をもって取り組む

人の意識は簡単には変わりませんが、改革できれば大きなエネルギーになります。リーダーは、人の意識についての探究心をもち、メンバーの意識を把握し、高めるべき意識を重点化して、適切な方法で意識を変えます。

■どんなときに発揮するの（カードを使うの）？

ウェディングレストランでホール業務を担うリーダーは、最近、メンバーの接客が雑になり、顧客満足度も下がっていることに危機感をもっています。そこで、メンバーを集め、顧客の声と顧客満足度が下がっている現実を正直に伝えたうえで、「初心に戻り、最高のサービスを提供しよう」というリーダーの思いを伝えました。

顧客の厳しい声などにショックを受けたメンバーは、リーダーの呼びかけに初心を取り戻し、自主的に接客を見直して、最高のサービスを提供する施策を提案し始めました。

営業チームの外販担当は、「自分たちが稼いでいるのだから、支援担当は黙ってサポートしろ」と発言し、物議を醸しました。一方の支援担当は、「もう外販担当のクレームには対応しない」と発言し、対立に火が付きました。リーダーが間に入っても事態は変わりません。見かねたリーダーは、メンバーたちを連れて他支店へ見学に行きました。その支店では「感謝、労《いたわ》り、助け合いを大切にしている」という考えを聞き、全員が刺激を受けました。以後、両担当のメンバーは、互いに感謝を示し、協力する方法を考えるようになりました。

■意識改革のチカラをチェックしよう！

□メンバーの意識を把握している
□高めるべき意識を重点化している
□適切な方法で意識を変えている

■意識改革のチカラを高めるには？

■メンバーの意識を把握している

意識は見えにくいものですが、何らかの反応となって表れますので、メンバーの発言・態度・行動を観察して意識を探ります。反応が表れにくい場合は、リーダーが刺激をあたえてみます。例えば、新しい仕事をあたえたり、新しいメンバーと組ませたりします。それに対するメンバーの反応を観察して、内にある潜在的な意識を探ります。

■高めるべき意識を重点化している

意識をあれもこれも変えようとすると、リーダー・メンバーともに疲弊します。そこで、高めるべき意識を重点化します。例えば、「何か問題はないか」という問題意識、「このまま問題を放置すると、さらに悪い事態に陥るかもしれない」という危機意識、「問題を自分たちの責任ととらえ、自分たちで解決を図ろう」という当事者意識の三つに重点化します。

■適切な方法で意識を変えている

メンバーの意識改革についてリーダーが直接働きかける方法として、価値観の共有・率先垂範・本音の話しあい・仕組みづくり・指導などがあります。間接的に働きかけるなら、上司やキーパーソンの影響力、お客様の不満や満足の声などを利用します。自分だけ孤立するのは嫌だ、自分だけ称賛されたいという欲求を刺激する意識改革も有効です。

多様性の受容

多様性の受容とは、メンバー間の様々な違いを認識・尊重して、うまく活用すること。

尊重そして生産性と創造性の向上に

多様性とはダイバーシティ（diversity）ともいわれ、うまく受けいれ、活用して、チームの生産性と創造性を高めます。リーダーは、メンバーの様々な違いを受けいれ、メンバー同士が違いを受け入れ合うようにさせて、違いを積極的に活用します。

■どんなときに発揮するの（カードを使うの）？

総務チームには、子育て・介護・短時間勤務など様々な事情を抱えたメンバーがいますが、忙しい時期には、不在がちなメンバーに対して不満が出ています。そこで、リーダーは、「困ったときは互いに協力しよう」という方針を示し、自らサポートしたり、協力したメンバーに感謝ポイントをあたえる仕組みをつくったりしました。

やがてメンバーは少しずつ協力し合うようになりましたが、リーダーは、仕組みに頼らなくてもメンバーが自主的に助け合う風土ができるまで、粘り強く働きかけるつもりです。

ハウスクリーニング業の清掃チームのリーダーは、言語・風習が違う外国籍のメンバーの活用方法がわかりません。日本人メンバーの補助作業だけさせていましたが、ある日、言語・風習が同じ外国籍のお客様の清掃を担当させたところ、「自国の清掃方法に近い」という評判が一気に広がりました。

こうして今では、日本人メンバーと知恵を出し合い、外国籍のお客様のニーズにも対応できる清掃サービスを開発しています。

■多様性の受容のチカラをチェックしよう！

□リーダーとしてメンバーの様々な違いを受け入れている
□メンバー同士が様々な違いを受け入れ合っている
□メンバーの様々な違いを積極的に活用している

■多様性の受容のチカラを高めるには？

■リーダーとしてメンバーの様々な違いを受け入れている

メンバーの多様性には、識別しやすいものとして、性別・年齢・国籍・雇用形態・身体的特徴などがあり、識別しにくいものとして、性格・価値観・能力・習慣・宗教などがあります。リーダーは、こうした違いがあることを認識・尊重したうえで、公平に接し、適切な仕事を割り当て、能力向上の機会提供に努めます。

■メンバー同士が様々な違いを受け入れ合っている

様々な違いを持つメンバー同士の対話の機会を増やし、互いの特徴を認め合い、補い合う方法を一緒に考えます。そのうえで、我慢したり協力したりするチームの約束事を決め、守ったメンバーを称賛する仕組みをつくります。メンバーが受け入れ合ってきたら、仕組みづくりから、自主的に協力し合う風土づくりへとゆるやかに移行します。

■メンバーの様々な違いを積極的に活用している

まず、メンバーの不足する点を補うサポート体制を整えます。こうした補完関係がうまくいったら、メンバーがもつ知識・経験をもち寄り、ミーティングなどの場で共有して、チームで新しい知恵・アイデアを創造する相乗効果へと発展させます。ミーティングでは、批判厳禁のうえで、実現性の検討は後にして、自由奔放にアイデアを出してもらいます。

コンプライアンスの遵守とは、法令を守り、組織のルールに従い、高い倫理観を追求すること。

コンプライアンスの遵守

守り、追求する

組織にとって、社会の良き一員として法令を守り、倫理的な考え・行動を追求するコンプライアンスの遵守は大切です。リーダーは、法令やルールに違反しない仕組みをつくり、高い倫理観をもって物事を判断して、チームでコンプライアンスの遵守を徹底させます。

■どんなときに発揮するの（カードを使うの）？

野菜卸会社のルート販売チームのリーダーは、メンバーから、「得意先のスーパーから、『外国産の表示を国内産に変えてほしい』と言われましたが、どうすればよいでしょう」という相談を受けました。

リーダーは、法令に違反する恐れがあると考え、上司に相談したところ、会社として対応してくれることになりました。事態が収まった後、メンバーに法令を守る大切さを説き、チームで勉強会を開きました。

素材開発チームのリーダーは、営業部門のトップから、「得意先A社の仕様を少し変えて、A社のライバルであるB社に販売したい」という要請を受けました。たしかに、わが社の売上は上がりますが、長いつき合いのA社は苦境に立たされますし、こうした噂は業界にすぐ広まります。商道徳的にいかがなものかと感じたリーダーは、反対の意思を示しました。

話を聞きつけた社長が営業部門と調整を図り、この話はなくなりました。営業部門の中でも開発リーダーの考えを支持する人が現れ、高い倫理観をもつ大切さを再認識しました。

■コンプライアンスの遵守のチカラをチェックしよう！

□法令やルールに違反しない仕組みをつくっている
□高い倫理観をもって物事を判断している
□チームでコンプライアンスの遵守を徹底している

■コンプライアンスの遵守のチカラを高めるには？

■法令やルールに違反しない仕組みをつくっている

違反しない仕組みとして、例えば、法令やルールにもとづいた業務点検を行います。点検項目を決め、リーダーが率先して点検を行い、メンバーにも自主点検させます。相互チェックや二重チェックを行い、1つの業務を二人に担当させることで、故意または過失による違反を防止します。ジョブローテーションや教育も行います。

■高い倫理観をもって物事を判断している

どちらも正しいと思える選択肢の中から結論を選ぶ場合、高い倫理観をもって判断します。自分の正義感を大切にしつつ、上司などに相談して自分の考えとの違いを見つけ、倫理観を磨きます。

■チームでコンプライアンスの遵守を徹底している

会議や朝礼などの場で、コンプライアンスの遵守を繰り返し訴えます。事例学習会を行い、不祥事が起きる要因を、仕事・制度・心理などの面から理解します。業務においてどちらとも判断できる事例を用意して、メンバーに判断させる教育も有効です。判断した理由を話し合い、理由に潜む価値観を共有します。また、リーダーが率先してコンプライアンスを遵守します。リーダーの率先行動が、やがてチームの規範となります。

第三章

事例から学ぼう！リーダーの行動

47、48、49、50！
やっと読み終わった。
水の中より苦しい。
リーダー行動50を読むだけで頭がクラクラする。
でも、あるある。
3年前に見学にきてた幼稚園の先生のリーダーは、あの行動とってた。
2年前に世話してくれた飼育員のリーダーは、この行動とってた。
でも、とるべき行動は一つじゃない。
状況によっても変わる。
状況にあわせてリーダー行動を組み合わせてる。
リーダー行動って、まだ謎だらけ。
等身大のリーダーの事例で、さらに研究してみる必要がありそうね。
研究!?
わたし、ペンギンなのに研究しようとしてる。

こうしましょう！
せんせい！
やるよー
ふむ
ふむ
等身大のリーダー
そう
いえば！

第3章の学び方

■10の事例

この章では、等身大のリーダーが10人登場します。それぞれのリーダーが、試行錯誤しながら活躍する物語です。

まずは肩の力を抜いて読んでください。

■リーダー行動カードの配置例

事例をもとに、リーダー行動カードの配置を例示します。

リーダー行動50のうち、事例で発揮した行動を選び、カード同士を線でつなぎ、線の意味を描いています。

カードの並べ方は、時間の流れに沿って配置したり、登場する組織や人物を空間的に表したりしています。

状況にあわせて最適なリーダー行動を選び、組み合わせることを図でイメージできるようになっています。

■事例の全体解説

リーダー行動カードの配置例をもとに、事例の全体像を解説します。

どのようなリーダー行動があるのか、リーダー行動同士はどう影響しあっているのかを、鳥の目になって眺めてください。

■リーダー行動の解説

事例文の中から、特に意識してほしいリーダー行動をピックアップして解説します。

リーダー行動をより深く理解するために役立ててください。

第2章から一部を引用していますので、おさらいにもなります。

事例

「看護師リーダー」

山口さんは、ある病院の看護師チームのリーダーです。

病院に入った頃は、リーダーになるとは夢にも思いませんでした。しかし、病院に職場環境の改善を進言しても受け入れてもらえず、「何を言っても変わらない」とあきらめて辞めていくメンバーをたくさん見てきました。医療サービスの質の低下も心配です。

この状況に危機感を覚えた山口さんは、「患者満足の原点は職員満足にある」という信念を抱き**【信念】**、自分から手をあげてリーダーになりました。リーダーシップの本を読み、チームリーダーの役割は、メンバーに影響をあたえて、チームを目標達成と活性化に導くことだと考えました**【役割認識】**。

最初に取り組んだのは、メンバーが働きやすい職場環境をつくることです**【働きやすい環境づくり】**。アンケートをとると、様々な要望があがり、絞り切れません。そこで、他のことにも良い影響を及ぼす要望を優先するという判断基準をつくり、心身ともにリラックスできる休憩スペースの確保から取り組むことに決定しました**【決断】**。

職場のスペースは限られていますが、前向きに考えると**【前向き】**、レイアウトさえ見直せば休憩スペースを確保できるはずです。権限がないため上司に相談すると**【権限の行使】**、お金をかけない方法なら実施してもよいと許可が出ました。

山口さんは、チームメンバーに考えを示したうえで、自分から率先してデスクの配置を変え、倉庫から古いパーテーションをもち出し、手づくりの休憩スペースをつくりました【率先垂範】。

何をするのかと様子見だったメンバーも、誰かが休憩スペースに小物や写真を飾ったのをきっかけに、自分たちも参加してみたいという雰囲気になったので【雰囲気づくり】、あとはメンバーに任せることにしました【任せる】。メンバーは、自分たちの創意工夫で休憩スペースができたことが自信となり、やればできるという意識に変わりました【意識改革】。

山口さんは、メンバーの前向きな意識を活用して、もう次のステップを考えています。それは、病院の経営課題であり、上司も頭を悩ませている、医療サービスの質の向上です。現場の第一線で働くメンバーからアイデアを集めて【取りまとめ】、上司に提言するつもりです【上司の補佐】。

事例の全体解説

この事例は、山口さんが自ら手をあげてリーダーになり、メンバーが働きやすい職場環境づくりから取り組み、チームの成長を見届けつつ、次のステップを考えているといった内容です。

「何を言っても変わらない」とあきらめて辞めていくメンバーを見て、山口さんの信念が目を覚ましました。メンバーに影響をあたえて、チームの目標達成と活性化に導くというリーダーの役割を認識できたのも、その後の山口さんの柱となっています。

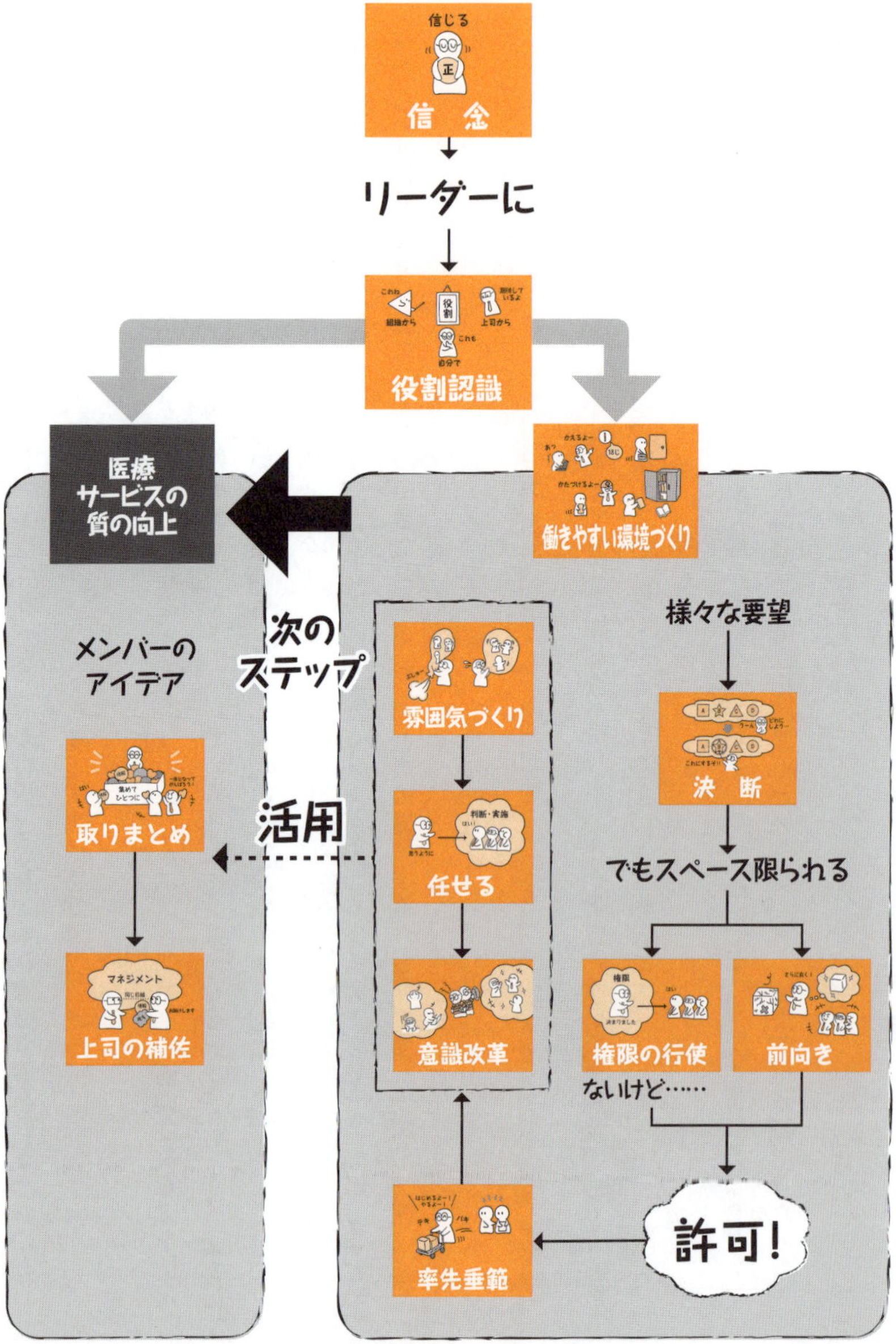

信じる
信念
リーダーに
役割
役割認識
医療サービスの質の向上
働きやすい環境づくり
次のステップ
メンバーのアイデア
取りまとめ
上司の補佐
マネジメント
活用
雰囲気づくり
任せる
判断・実施
意識改革
率先垂範
様々な要望
決断
でもスペース限られる
権限の行使
権限
前向き
ないけど……
許可！

アンケートからは様々な要望があがりましたが、他にも良い影響を及ぼすという波及効果を基準にして優先的に取り組む要望を決断しました。上司やメンバーに説明するとき、結論はもちろんのこと合理的な判断基準も説明することが大切です。

職場のスペースは限られるといった壁にぶつかっても、山口さんの前向きさが、レイアウトの変更につながります。上司の許可を得て、まずは自ら率先して行動し、メンバーの信頼を少しずつ蓄積しました。

様子見だったメンバーのうち誰かが小物や写真を飾ったのは、参加したいという気持ちの表れです。リーダーは、こうした小さなきっかけに喜びを感じつつ、もっと参加してもらうためにはどうすればいいのかを考えます。例えば、リーダーが小物や写真の隣に飴を添える、メンバーが飴の種類を増やす。言葉がいらない、素敵なコミュニケーションです。

メンバーが少しずつ参加し、アイデアを述べ、採用されれば喜びになります。自分で行動して実現すれば自信になります。あきらめていた意識が変わっていきます。

山口リーダーは、メンバーの意識改革を見届け、次の課題を考えています。医療サービスの質の向上について、現場ならではの情報を集め、上方影響力を発揮して上司を補佐しようとしています。

事例のリーダー行動の解説

■信念

信念とは、その人が正しいと信じている大切な考えで、意思決定のより所となるものです。信念がしっかりしていると、考えや行動に一貫性が生まれます。

山口さんの場合、「患者満足の原点は職員満足にある」という信念が、過去の何らかの経験から固まりました。この信念のもとに、自分がリーダーになり、休憩スペースの確保を決断し、率先して行動して、上司やメンバーを動かしました。

■働きやすい環境づくり

働きやすい環境づくりとは、安心して働くことができ、個人とチームが活性化する状況をつくることです。

山口さんは、メンバーの意欲や生産性の向上につながる職場環境の改善を行うことにしました。物理的なレイアウトの変更からスタートしたものの、メンバーが小物や写真を飾ったことをきっかけに、働く人の精神的な満足も環境改善に大きな影響をあたえました。

■意識改革

意識改革とは、これまでの考え方や取り組み姿勢を、良い方向へと変えることです。

山口さんの場合、強く説得するというよりは、控えめなリーダーシップを発揮して、メンバーの意識を変えていきました。

まず率先垂範して、メンバーが参加しやすい雰囲気をつくり、徐々にメンバーに任せるという働きかけをしました。その結果、メンバーは、自分たちの創意工夫で、休憩スペースができたことが自信になり、やればできるという意識に変わりました。

事例

「町のパン屋さん」

佐賀さんは、住宅街にあるパン屋さんの店長です。

たくさんのお客様に愛され、業績を順調に伸ばしてきましたが、さらなる成長を目指して、隣の町へ移転しました。ところが、移転したとたん業績は大きく減少。「仕事が減って楽になった」「このままでいい」というメンバーの声に、佐賀さんの焦りが募りました。

ある日、繁盛するレストランを紹介するテレビ番組で、「前向きな考えをもち、地域に貢献する店づくりと人づくりをすることが大事」というメッセージが流れました。これを見た佐賀さんは、逆境にもめげない前向きな気持ちを取り戻し**【前向き】**、「おいしいパンを食べてもらえる店づくりと人づくりをすれば、お客様と店のメンバーはついてくる」という信念を固めました**【信念】**。

翌日、メンバーが集まった会議で、佐賀さんの考えを紹介し、これをたたき台にメンバーの考えを集約して店のビジョンをつくりたいと説明しました**【説明】**。佐賀さんがメンバーの気持ちを積極的に聴くため**【傾聴】**、安心感のある雰囲気になりました**【雰囲気づくり】**。最初は遠慮がちだったメンバーも、少しずつ発言するようになりました。

発言をボードに記入し**【見える化】**、節目で整理する佐賀さんを見て、メンバーは会議が前に進んでいるのを実感し、やる気が高まりました。やがて、「お客様が笑顔で元気になれる店にしたい」「お客様と気軽に世間話できることが店の強みではないか」という意見にまとまりました**【合意形成】**。

この結果、「おいしいパンとコミュニケーションで、お客様が笑顔で元気になれるようにしよう。そのためには、魅力のある商品づくり・店づくり・人財づくりをしよう」というビジョンが完成しました**【ビジョン形成】**。このビジョンを共有し、店とメンバーがまい進できるよう、ビジョンを紙に書いて貼り出すことにしました**【目的共有】**。

ビジョンを実現するために、既存商品の改良と新規商品の開発、それに、お客様にひと声かけることを目標にしました**【目標設定】**。店の中も、働きやすいように環境を改善し**【働きやすい環境づくり】**、お互いの約束事を取り決めてしっかり守るようにしました**【チームの約束事】**。メンバーが助け合う姿を見て**【助け合い】**、佐賀さんは頼もしさを感じています。

事例の全体解説

この事例では、リーダーが信念を固めて、会議の場でビジョンを形成したうえで、職場でビジョンを実現するための活動を行っています。

佐賀さんは、「前向きな考えをもち、地域に貢献する店づくりと人づくりをすることが大事」というテレ

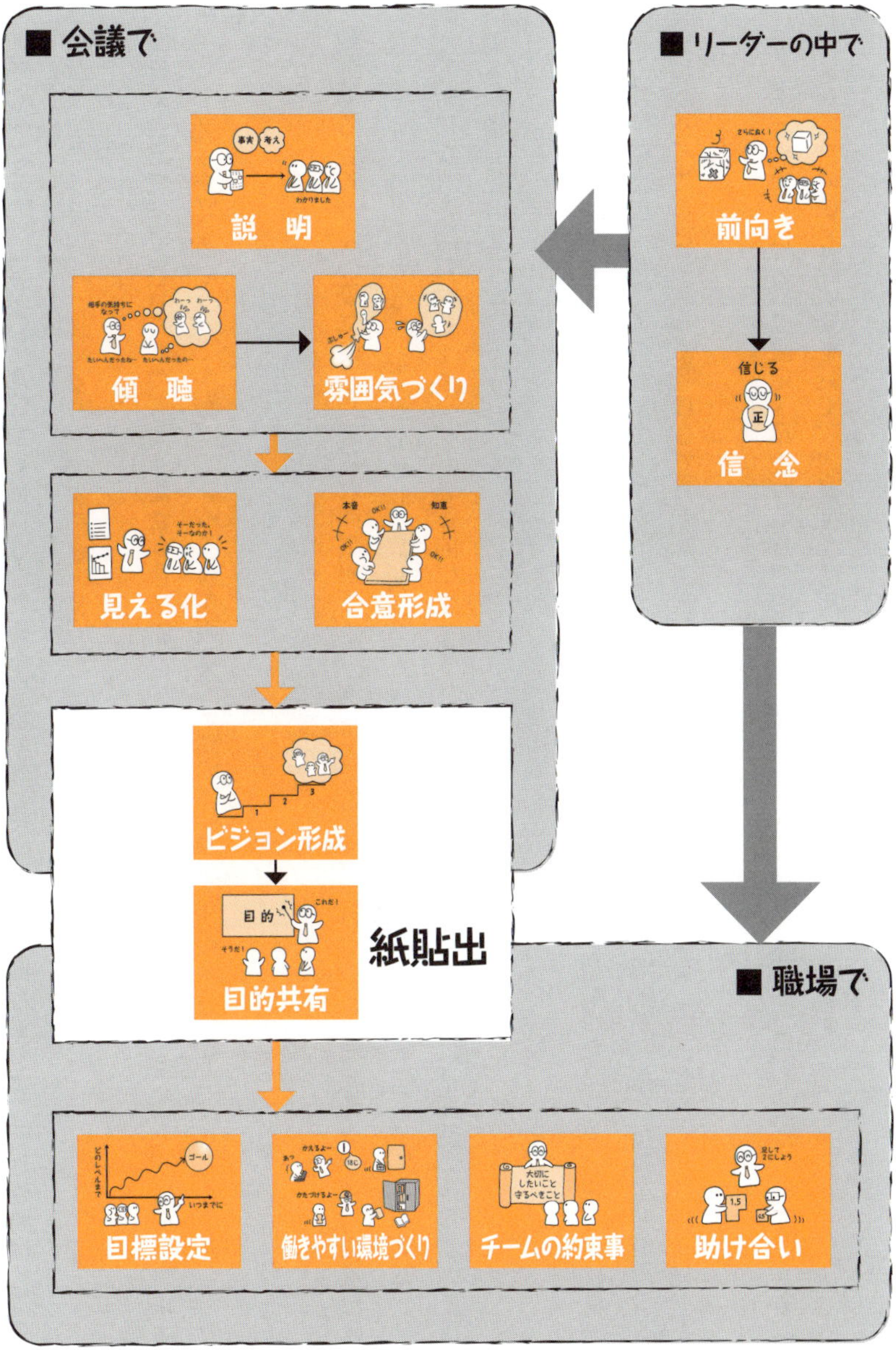
■会議で
■リーダーの中で
事実
考え
わかりました
説　明
傾　聴
雰囲気づくり
前向き
信じる
正
信　念
見える化
合意形成
ビジョン形成
目的
これだ！
目的共有
紙貼出
■職場で
どのレベルまで
ゴール
いつまでに
目標設定
働きやすい環境づくり
大切にしたいこと守るべきこと
チームの約束事
助け合い

ビ番組の言葉から、逆境にもめげない前向きな気持ちを取り戻して、信念を固めました。それ以前は、隣の町へ移転して業績が減少し、焦りが募って、信念もビジョンも見失っていたのです。

翌日の会議では、佐賀さんの考えをたたき台に店のビジョンをつくりたいと説明しました。ビジョンは本来、リーダーが考えるものですが、メンバーの参画意識を高め、店づくりと人づくりに役立てようとしたのです。

傾聴する佐賀さんの姿に安心できる雰囲気ができ、少しずつ増えた発言をボードに記すことで、会議が前に進んでいる感じがします。話が発展し、最初のたたき台では「お客様」だけだったものが、「お客様が笑顔で元気になれる店に」とイメージが具体的になりました。そして、お客様と気軽に世間話できるという店の強みを再発見しました。

これらの要素を総合し、「コミュニケーション」という言葉も加えてできあがったビジョンを、紙に書いて貼り出すことで、チームの目的として共有されました。事例にはないものの、折に触れてこのビジョンを唱和したり、このビジョンに照らしてチームが意思決定したりすることもあるでしょう。

そしてビジョンは、目標設定、環境づくり、約束事、助け合いといった具体的な形へと変わっていきました。メンバーの頼もしい姿を見て、佐賀さんは落ち着きを取り戻したことでしょう。

事例のリーダー行動の解説

■前向き

前向きとは、今よりもさらに良くしようという気持ちや考えのことです。

佐賀さんが前向きな気持ちになれたのは、テレビ番組がきっかけです。隣の町へ移転した今だからこそビジョンを新しくつくることができると考えたことでしょう。繁盛するレストランを見て、自分たちでもできると思ったことでしょう。地域に貢献したい、店づくりと人づくりをしたいといった願望が芽生えたことでしょう。すべてにおいて、物事をプラスにとらえることができるようになりました。

■雰囲気づくり

雰囲気づくりとは、チームの中で自然につくり出される空気をうまくコントロールすることです。

佐賀さんは、「楽になった」「このままでいい」と言うメンバーに危機意識を植えつけても効き目がないと考え、みんなと店のビジョンをつくりたいと説明し、積極的に聴く姿勢を示しました。これが安心できる雰囲気につながり、前向きな発言を引き出しました。また、発言をボードに書いたことも、メンバーの承認欲求を満たしました。

■チームの約束事

チームの約束事とは、メンバー全員が大切にしたいことや、守るべきことです。

佐賀さんは、大切にしたいビジョンを共有し、まい進できるよう紙に書いて貼り出しました。また、事例にはありませんが、秩序を保つために守るべきルールもつくったことでしょう。メンバーはルールを守っている限り活動が保証されます。ルールはメンバーが安心して活動するためにも、きちんと示します。

事例

「販売管理システムの導入」

青森さんは、販売会社で、販売管理システムを導入するプロジェクトリーダーに任命されました。

リーダーを務めるのは初めてですが、経営幹部から「今所属している情報システム部門での経験をいかしてほしい」と言われ、スキル面からもリーダーは自分しかいないと自覚しました**【役割認識】**。長年勤めてきた会社に貢献するためにも、責任を全うする覚悟です。

販売管理システムは、販売業務を分析して、どのような業務をシステム化するのかを決めてから構築に入るのが一般的です。しかし、会社は、予算の都合から安価なパッケージシステムを先に購入していました。プロジェクトの責任者からこれを知らされたのは、初会合の前日です。初会合では、メンバーに事情を説明することから始めなければなりません**【説明】**。案の定、メンバーは猛反発。リーダーは「板挟み」になりました。

会合の後、プロジェクトの責任者に、メンバーが猛反発した事実を説明し**【説明】**、いざというときは経営幹部と調整を図ってほしいと依頼しました。また、会社方針であるパッケージシステムでの導入を短期間で進めるため、システムにあわせて販売業務を変更する権限を自分に譲ってもらいました**【権限の行使】**。

2回目の会合で、メンバーに会社の事情や方針をあらためて説明し、あたえられた条件の中で最高の結果を出そうと説得しました**【説得】**。リーダーの、「販売部門のために最高のシステムをつくるのが我々の使命だ」という信念が言葉の端々から感じられ、メンバーは心動かされ、納得しました。

計画づくりの段階では、経営幹部の意向を踏まえてシステム稼働日を設定し**【目標設定】**、メンバーの経験やスキルをもとに、一人ひとりの役割を決めました**【役割分担】**。チームの実行計画を立案して**【実行計画】**、メンバー同士が連携する制度やルールをつくりました**【連携体制づくり】**。販売部門からも要員や情報の提供があり貴重な資源となりました**【資源活用】**。

実行段階では、各メンバーが立案した実行計画表をもとに進捗管理を行い、柔軟な応援体制を組みました**【活動の推進】**。進行中は、経営幹部から導入を急ぐよう圧力を受けましたが、あらかじめ上司に盾となってくれるようお願いしていたため**【リスク管理】**、メンバーは精神的なプレッシャーを減らせました。

事例の全体解説

この事例では、影響をあたえる分野と、事をなす分野の一部が描かれています。リーダーの青森さんが、メンバーから猛反発にあいながらも説得に成功し、計画づくりから実行へと歩みを進めます。

青森さんは、経営幹部からの期待、高いスキル、会社貢献の点から、リーダーを引き受けました。リーダーになったからには、覚悟をもって責任を全うします。

初会合の前日、会社から驚きの事実が明かされます。会社はすでに安価なパッケージシステムを購入して

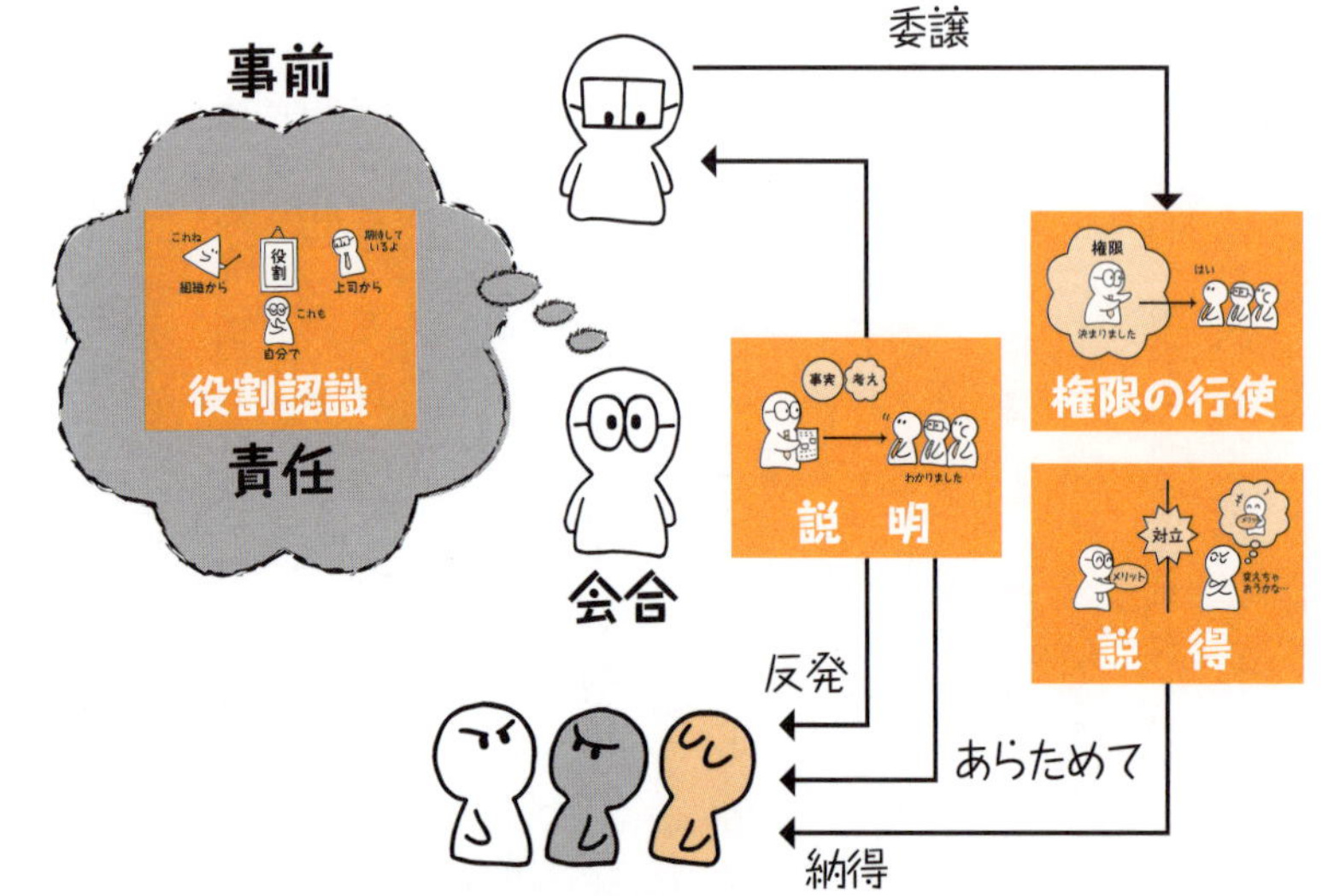

事前
これね
組織から
役割
期待しているよ
上司から
これも
自分で
役割認識
責任
委譲
会合
事実
考え
わかりました
説明
権限
決まりました
はい
権限の行使
対立
メリット
説得
反発
あらためて
納得

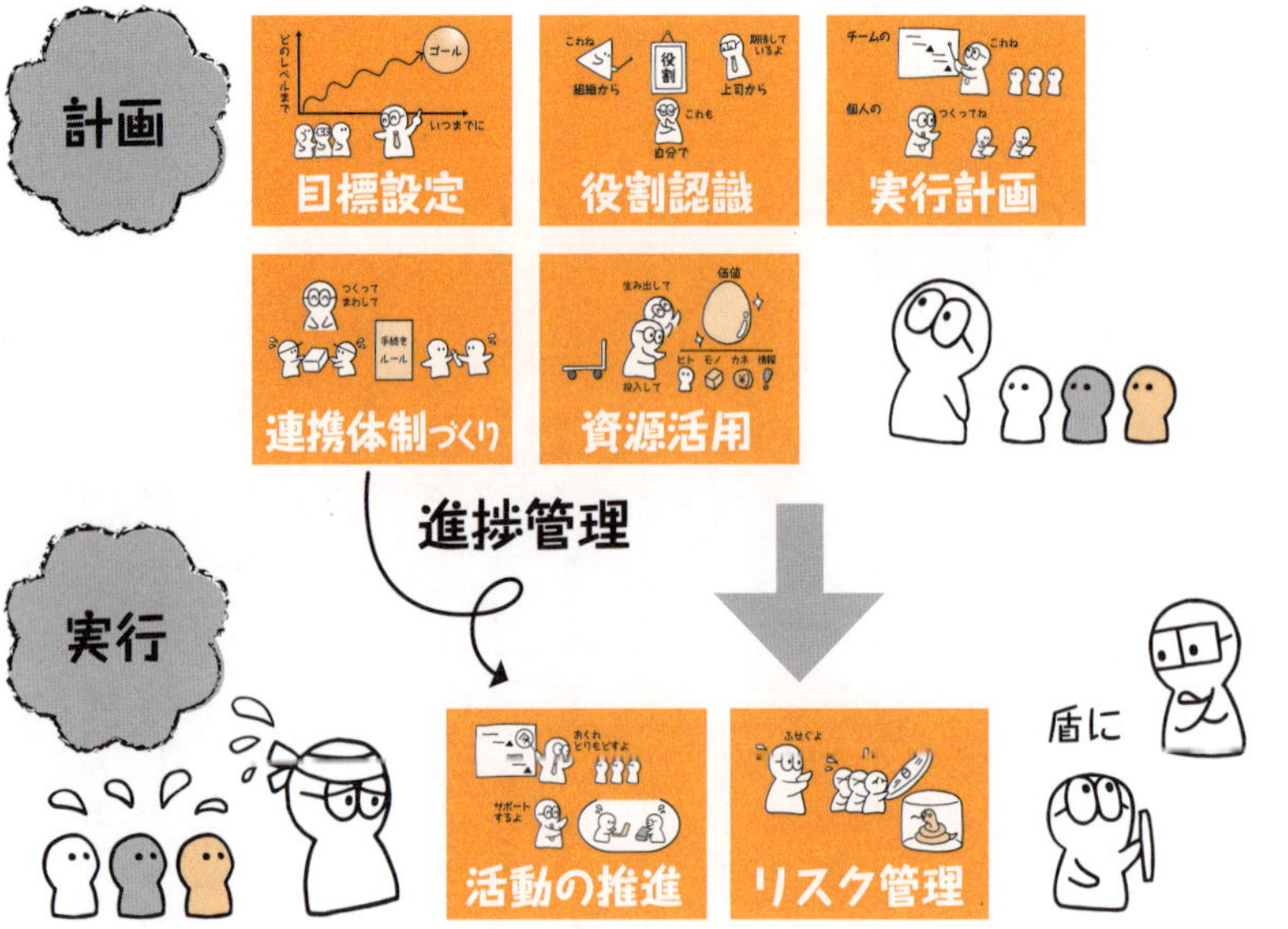

計画
どのレベルまで
ゴール
いつまでに
目標設定
これね
組織から
役割
期待しているよ
上司から
これも
自分で
役割認識
チームの
これね
個人の
つくってね
実行計画
つくってまわして
手続きをルール
連携体制づくり
生み出して
価値
投入して
ヒト
モノ
カネ
情報
資源活用
進捗管理
実行
おくれとりもどすよ
サポートするよ
活動の推進
ふせぐよ
リスク管理
盾に

いたのです。業務を分析してシステム化する業務を決めてから構築すると思っていたメンバーは、パッケージシステムに業務をあわせなければならない状況に猛反発。会社に貢献すると心に決めた青森さんは、板挟みにあいました。

その後、プロジェクトの責任者に状況を説明して、調整を依頼しました。また、システムにあわせて販売業務を変更する決定権を委譲してもらいました。一方、メンバーにもあたえられた条件の中で結果を出そうと説得しました。説得の言葉の端々にリーダーの信念がにじみ出ていました。

組織において、中間の立場にあるリーダーは、板挟みの連続です。上位組織や関連部門からの要請、メンバーの欲求、お客様や協力会社からの期待、自分の信念など、様々な角度から葛藤が生じます。

それぞれの声を聴き、本音を探って、意見をまとめます。説得を試みたり、上司の力を借りたりして、板挟みの状況を打破します。この経験から本当に大切なことは何かがわかるようになり、リーダーとして骨太の決断を下す基準ができあがります。

青森さんも、この経験が今後のキャリアアップにつながることでしょう。

計画段階と実行段階では、事をなすリーダー行動が山積みです。なかでも、実行計画を綿密に立てることで、活動の推進において進捗管理ができます。経営幹部からの圧力に対して上司を盾にするリスク管理も有効でした。

事例のリーダー行動の解説

■説明

説明とは、相手に事実や考えなどを伝えて、理解してもらうことです。

青森さんは、説明する相手とその順番を選び、事実と考えを分けて説明しています。初会合で、パッケージシステムを先に購入したという事実をメンバーに伝え、会合後に、メンバーが猛反発したという事実を上司に説明しました。2回目の会合では、会社の事情をあらためて事実として説明することで、会社の方針に変わりはないことを匂わせ、あたえられた条件の中で結果を出そうという青森さんの考えを説明して説得にあたりました。

■権限の行使

権限の行使とは、決定や行動についてあたえられる権利を使うことです。

青森さんは、パッケージシステムの導入を短期間で進めるため、販売業務の変更権限を委譲してもらいました。チームに迅速かつ柔軟な対応が必要なときは、上司と相談のうえ権限を委譲してもらうよう働きかけるというリーダー行動の原則を理解していました。

■活動の推進

活動の推進とは、実行する段階において、メンバーの活動をサポートしたり、進捗を管理したりすることです。

青森さんは、実行計画表をもとに進捗管理を行い、応援体制を組みました。納期・コスト・品質それぞれの面から予定と実際の差異を把握して是正したのです。また、経営幹部からの圧力に対して上司が盾となるリスク管理を行ったことも、メンバーの精神的プレッシャーが減るというサポートにつながりました。

事例

「体操教室」

熊本さんは、スポーツクラブで「ゆるやか体操教室」を担当するチームのリーダーです。

健康増進を目指したゆるやか体操は、少人数の完全予約制をとっており、高齢者を中心に地域から親しまれてきました。しかし、ここ数年、当日のキャンセル率が15％を超えています。この状況について詳しく調べたところ、顧客が予約を忘れていたこと、体操で体を痛めたことが主な原因だとわかりました**【状況把握】**。

そこで熊本さんは、「また来たい、ずっと続けたいと思ってもらえる体操教室に」をスローガンに、「2年間で当日のキャンセル率を5％以下にする」という指標を設定しました**【ビジョン形成】**。

1年目の目標は、①前日、予約した人に確認の電話を入れる、②顧客一人ひとりに合わせた無理のないプログラムをつくり、体を痛めて休む人をゼロにすることです**【目標設定】**。

実行計画は、(a) さっそく全員で電話連絡を行い、(b) 中心メンバーでプログラムをつくり、(c) メンバー全員で検証することです**【(チームの) 実行計画】**。中心メンバーは、ベテランの八代さんと若手の天草さんを組ませます**【役割分担】**。八代さんにはプログラムづくりについて、詳細な実行計画を立案してもらい**【(個人の) 実行計画】**、チームの計画と連鎖させました。

実行段階に移り、顧客名簿に電話連絡のチェック欄と備考欄をつくりました。これで、どの顧客に電話したかがわかり、顧客ごとの注意事項を共有できるようになりました。電話連絡を嫌がるメンバーに対しては、リーダーから重要性を繰り返し説明し、チーム内で電話連絡の件数を競争させることで、活気ある雰囲気をつくりました【雰囲気づくり】。

1年後、当日のキャンセル率が10％に減少しました。メンバーたちは大喜びです。しかし熊本さんは、「ビジョンで設定した5％以下は達成していない。さらなる改善が必要だ」と気を引き締めます【評価】。

メンバーを集めて情報を共有したところ、新しいプログラムは好評ですが、まだ体を痛める人がいることがわかりました【評価】。今後は、中心メンバー以外にもプログラムづくりに加わってもらい、内容をさらに改善するつもりです【改善】。

事例の全体解説

この事例は、「事をなす」分野を中心に描かれています。

熊本さんが、チームを取り巻く状況を把握し、2年間のビジョンを形成し、まず1年目の目標を設定して、チームでＰＤＣＡサイクルを回します。

少人数の完全予約制では、当日のキャンセルは大きな問題です。状況を詳しく調べたところ、予約を忘れていた、体操で体を痛めていたという原因を突き止めました。この状況から、スローガンと指標を含めた2年間のビジョンを形成しました。

そして、1年間の目標として、①電話連絡を前日に実施する、②無理のないプログラムをつくって体を痛めて休む人をゼロにすることを設定しました。

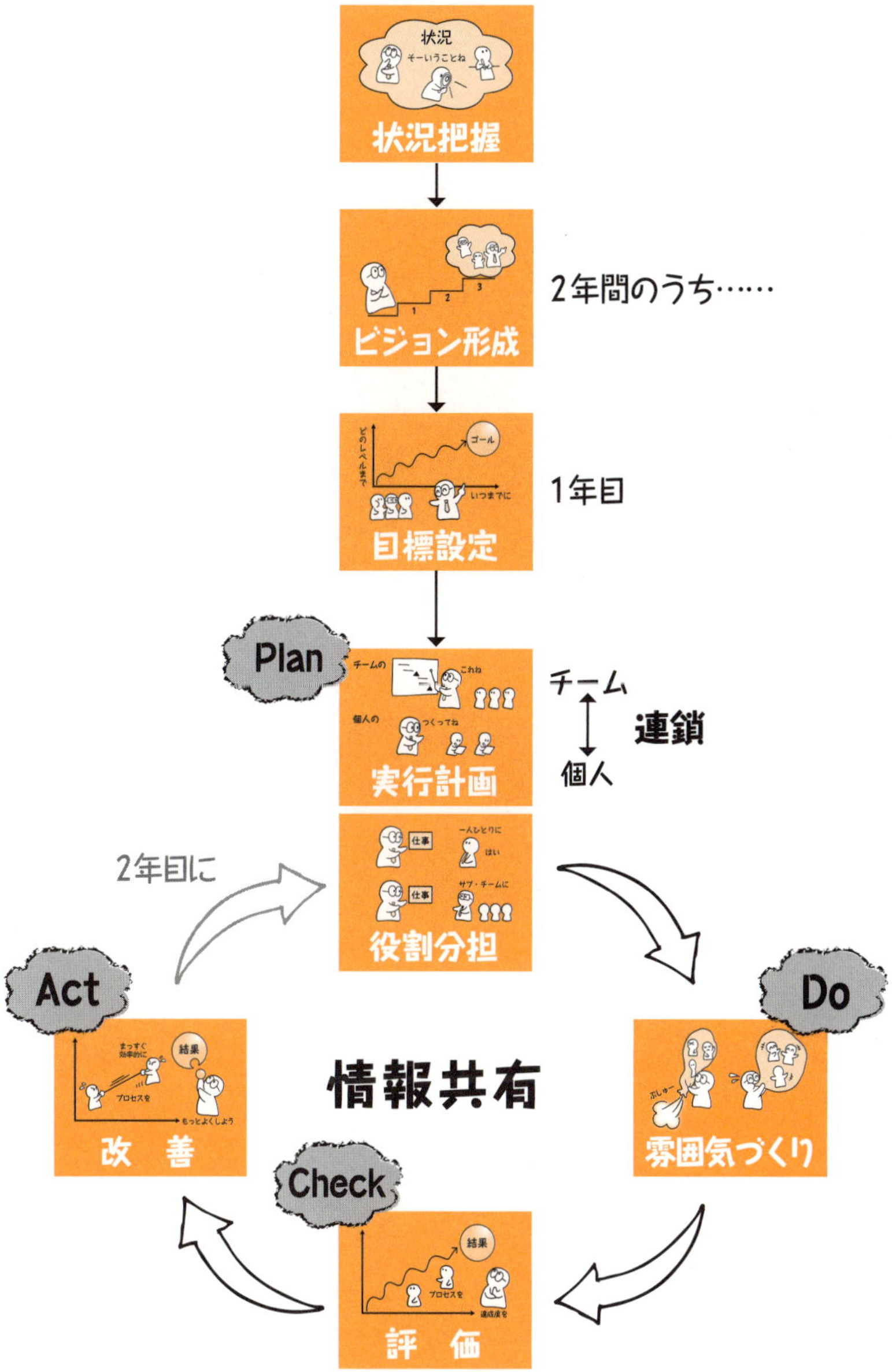
状況
そーいうことね
状況把握
1
2
3
ビジョン形成
2年間のうち……
どのレベルまで
ゴール
いつまでに
目標設定
1年目
Plan
チームの
これね
個人の
つくってね
実行計画
チーム
個人
連鎖
仕事
一人ひとりに
はい
仕事
サブ・チームに
役割分担
2年目に
Do
ぷしゅー
雰囲気づくり
情報共有
Check
結果
プロセスを
達成度を
評　価
Act
まっすぐ
効率的に
結果
プロセスを
もっとよくしよう
改　善

ＰＤＣＡサイクルのうち、計画段階（Ｐｌａｎ）では、リーダーとしてチーム全体の実行計画を立案したうえで、メンバーに役割を分担します。そして、メンバーの主体性を高めるためにも個人の実行計画を自主決定させて、チームの実行計画と連鎖させて整合をとります。

実行段階（Ｄｏ）では、名簿にチェック欄と備考欄をつくり、情報を共有します。雰囲気づくりによってチームが活気づきます。事例にはないものの、リーダーがチーム全体の進捗を管理し、メンバーは各自の進捗を自己統制します。

評価段階（Ｃｈｅｃｋ）では、結果を定量的に把握して達成感を味わいます。しかし、リーダーの立場として熊本さんの視線は2年後に向かっています。

ビジョンの指標を達成していない以上、改善（Ａｃｔ）が必要です。メンバーを集めて情報を共有し、体制を強化します。

事例のリーダー行動の解説

■状況把握、ビジョン形成

状況把握とは、置かれた状況についての情報を収集して、実態をつかみ、的確な活動につなげることです。

熊本さんは、キャンセル率に問題を感じて、原因を把握しようと情報を収集したところ、顧客の予約忘れ、体を痛める体操が原因であることをつかみました。

ビジョン形成とは、努力することで到達できる2〜3年後のチームの理想の姿を描くことです。

熊本さんはビジョンの中で、2年後までに5％以下にするという指標を設定することで、力の入れどころと到達点を明らかにしています。一人の努力でできるものではありませんし、1年間で到達するのも難しいでしょう。チームが力を合わせて2年間かけて実現します。

■実行計画の立案

実行計画とは、目標を達成するために必要な具体的な行動をあらかじめ決めることです。

熊本さんの場合、チームと個人の目標を関連づけていますが、目標を実現する実行計画も関連づけていきます。チームの実行計画を立案した後、プログラムづくりの役割を分担し、それから各人に個別の実行計画を立案させました。

■評価

評価とは、目標達成度や活動プロセスを把握して、改善と成長につなげることです。

チームは、1年後にキャンセル率が10％に減少しました。しかし、メンバーが大喜びするのを横目に、熊本さんは、あくまでも最終目標は2年後に5％以下であると気を引き締めます。メンバーとの情報共有により、まだ体を痛めている人がいるとわかり、プログラムのさらなる改善につなげます。

事例

「コピー機の問題解決」

北海道さんは、ある商事会社の総務チームのリーダーです。

毎月末に行われる経営会議用に各部門が作成した資料を、総務チームが取りまとめて印刷します。昨日の経営会議では、総務部に1台だけあるコピー機が朝から5回停止して、資料の印刷が間に合わず、会議が遅れてしまいました。

北海道さんはこの問題を解決しなければと思い、まず状況を把握したところ**【状況把握】**、コピー機が正常に作動していないことの他に、総務部にコピー機が1台しかないことや、各部門から提出される資料が会議直前（1時間前）であることを問題視しました**【問題発見】**。

しかし、総務部のコピー機は、予算の都合から増やすことはできません**【資源活用】**。各部門からの資料提出を早めてもらうことは、北海道さんの権限ではできません**【権限の行使】**。

総務チームとして解決に取り組めることは、コピー機をいつも正常に作動させることです**【課題形成】**。北海道さんは、この課題に取り組むことをメンバーに宣言しました。

原因を分析したところ、①コピー機本体が自動的に作動を停止する、②コピー用紙がつまる、③コピー機を管理する責任者が決まっていないことが明らかになりました。

③の責任者が決まっていないと、①のコピー機本体、②の用紙について正しい運用ができません。そのため、責任者不在を本質的な原因としました

【原因分析】。

解決策は、責任者を決定して、ルールを定め、正しく運用することです【解決策の立案】。具体的には、他の事務機器を管理している旭川さんをコピー機の管理責任者にも任命して【役割分担】、旭川さんに本体や用紙に関する使用ルールを定めてもらい【連携体制づくり】、北海道さんからメンバー全員に意識づけしました【意識改革】。

北海道さんは、総務チームが果たすべきことを果たしたうえで、次の課題も解決しようと考えています【課題形成】。予算を確保して、コピー機を1台増やしてもらうつもりです。また、各部門からの資料提出を早めてもらうよう、上司に依頼するつもりです。

事例の全体解説

この事例では、いくつかの問題の中から、総務チームが単独で取り組める問題を解決しました。解決の見通しが立ったら、権限や資源がない問題についても解決を図ろうとしています。

話の出発点は、総務部のコピー機が頻繁に停止して資料の印刷が間に合わず、会議が遅れたことです。

このことに問題を感じた北海道さんは、状況を把握して、3つの問題を発見しました。しかし、コピー機をもう1台増やす予算がありません。カネという資源がないのです。他部門に資料提出を早めてもらう権限もありません。そこで、総務チームが単独で取り組める、コピー機を正常に作動させることを課題にしました。

もし、総務チームが単独での取り組みを怠って、予算確保や他部門への依頼をしたら、「総務チームは自分たちで努力もしないで……」と批判を受けます。まず自分たちが問題解決に取り組み、実績を積んだうえ

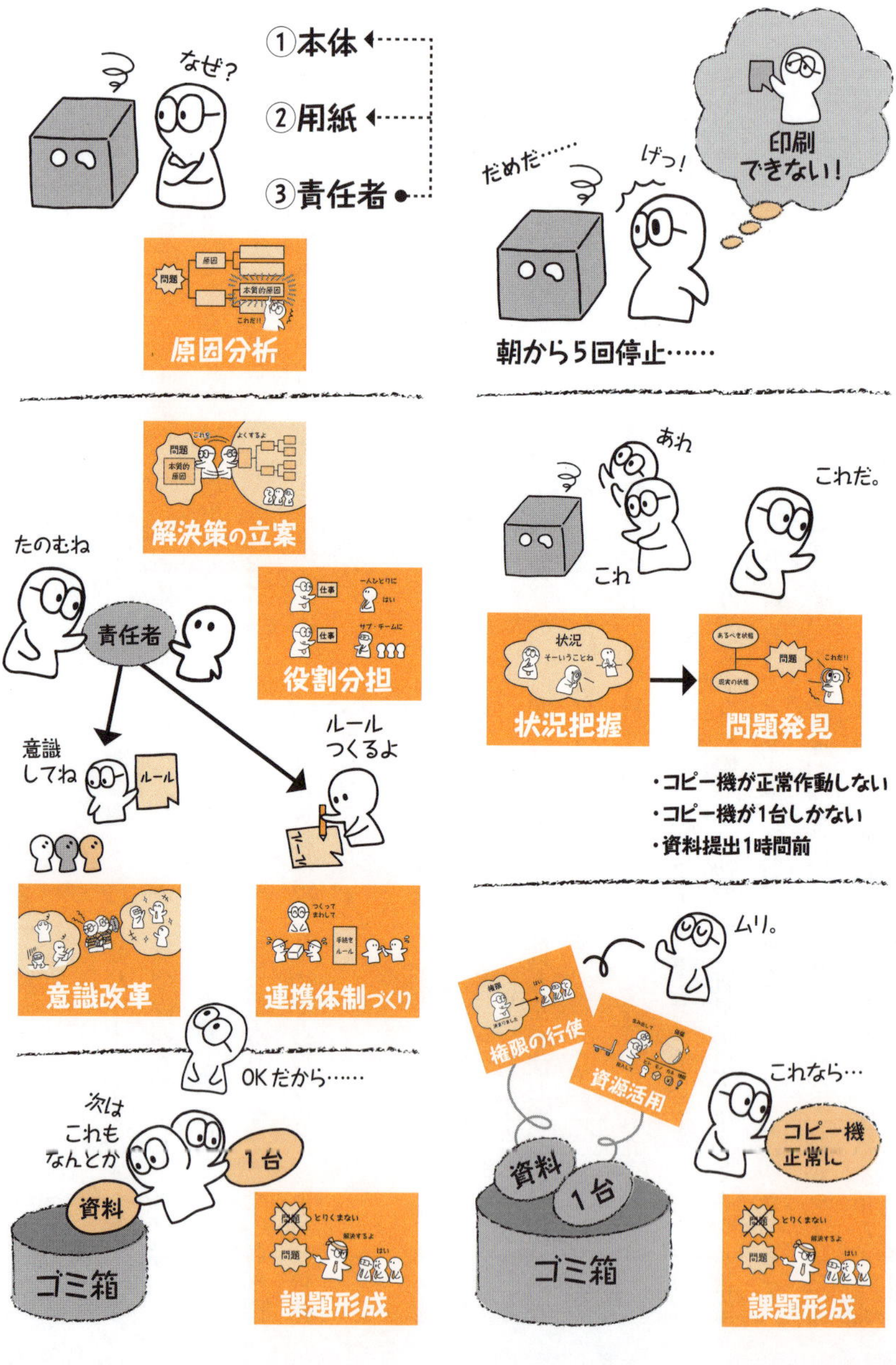
だめだ……
げっ！
印刷
できない！
朝から5回停止……
なぜ？
①本体
②用紙
③責任者
問題
原因
本質的原因
これだ!!
原因分析
あれ
これ
これだ。
状況
そーいうことね
状況把握
あるべき状態
問題
現実の状態
これだ!!
問題発見
・コピー機が正常作動しない
・コピー機が1台しかない
・資料提出1時間前
問題
本質的原因
よくするよ
解決策の立案
たのむね
責任者
仕事
一人ひとりに
はい
サブ・チームに
役割分担
意識
してね
ルール
ルール
つくるよ
意識改革
つくって
まわして
手続き
ルール
連携体制づくり
OKだから……
次は
これも
なんとか
1台
資料
ゴミ箱
問題
とりくまない
解決するよ
はい
課題形成
ムリ。
権限
決まりました
はい
権限の行使
資源活用
これなら…
コピー機
正常に
資料
1台
ゴミ箱
問題
とりくまない
解決するよ
はい
課題形成

で周囲に働きかけるというステップが大切です。

原因分析では、広い視野から、本体・用紙・責任者に関する原因をひろいあげました。責任者の不在が、本体と用紙の運営にも悪影響を及ぼしていることから、本質的な原因としました。

原因分析では「なぜなぜ」といった深掘りが大切です。しかし、最初に見つけた原因をすぐ深掘りしても、その原因が問題に強い影響を及ぼさないなら非効率です。そこで、原因を深掘りする前に、まず広い視野からいくつもの原因を拾い上げ、その中から問題に強く影響を及ぼしている原因を選んで深掘りします。

解決策では、旭川さんに役割を分担させ、連携の仕組みとしてメンバーがコピー機を使用するルールを定めさせました。一方、メンバー全員への意識づけはリーダーである北海道さんの役割です。

解決のめどが立った北海道さんは、次の課題も形成します。コピー機を増やす予算を確保し、他部門に資料提出を早めてもらう権限がない点は上司に依頼するつもりです。そもそも、大きなあるべき姿は、余裕をもって資料を揃え、経営会議を定刻に開始させることです。北海道さんの問題解決はまだ続きます。

事例のリーダー行動の解説

■問題発見

問題発見とは、あるべき状態と現実の状態のギャップである問題を見つけることです。

コピー機に関するあるべき状態は、いつも正常に作動している状態です。正常に作動すると、資料の印刷が間に合うことに貢献します。資料の印刷が間に合うと、会議が定刻に始まることに貢献します。

逆にいえば、コピー機が正常でも各部門からの資料の提出が遅れたり、余裕をもって資料を揃えたりしても、経営幹部が集まらなければ定刻に開始しません。総務チームとして、単独で解決できる問題は何か、単独では解決できないが周囲に働きかけることで解決できる問題は何かを、問題発見の段階から意識します。

■課題形成

課題形成とは、問題を解決しようと決めて、言葉にすることです。

北海道さんは、「コピー機をいつも正常に作動させる」ことを課題として決めて、メンバーに説明しました。

課題形成とは、取り組む問題と取り組まない問題をはっきりさせることであり、解決する人が取り組むことを決意して言葉に表し、覚悟を背負います。

■解決策の立案

解決策の立案とは、問題を好ましい方向に向かわせるための具体策を立てることです。

解決策は、実際に行動できるぐらいの具体性が必要です。様々な解決策を考え出したら、最終的には時系列で組み立てます。人は、ストーリー的に説明されると理解しやすく、動きやすくなります。

この事例では、まず責任者を任命してから使用ルールを定めて、意識づけをしました。

事例

「納品違い」

愛媛さんは、オフィス機器販売業の販売チームのリーダーです。

あるとき、メンバーの香川さんが、大口顧客から受注をもらいました。設置工事の日、突然、顧客のオフィスにいる香川さんから電話がかかってきました。聞けば、到着した機器の種類や数に誤りがあり、顧客が怒っているとのことです。

電話口の向こうで香川さんが、「自分は一生懸命やっているのに…」と嘆いています。共感的に聴いてあげたい**【傾聴】**ところですが、今は事実を確認し、問題解決を急がなければなりません。

香川さんを落ち着かせて、機器の構成や顧客について現在の状況を確認しました**【状況把握】**。一方、事務所にある契約書からあるべき状態を確認したところ、やはり現在の状況とギャップがあることがわかりました**【問題発見】**。

問題解決の種類には、今の状況をとりあえず解決する暫定的問題解決と、二度と問題が発生しないようにする抜本的問題解決があります。愛媛さんは、まず暫定的な解決に取り組むことにしました。

取り組むべきは、機器の変更手続きと顧客への対応です**【課題形成】**。物流部門にかけあい、すぐに代わりの機器を配送してもらいます。めどが立った段階で、愛媛さん自ら顧客に事情を説明して謝罪するつもりです**【解決策の立案】**。

とりあえず暫定的に問題が解決した翌日、愛媛さんと香川さんは、抜本的な問題解決に取り組んでいます。

香川さんに今回の問題について状況を尋ねたところ【質問】、「顧客の言うことがコロコロ変わった」「自分のメモが間違っていた」「販売支援の徳島さんに伝達モレがあった」「一部の機器の入荷が遅れた」などの返答がありました。これらを因果関係で組み立て、本質的な原因を突き止めたうえで【原因分析】、「二重チェックをかける」などの対策を打つことにしました【解決策の立案】。二重チェックにより業務が煩雑になる恐れがありますが、メンバー全員で分けもつことでリスクの影響度を下げるつもりです【リスク管理】。

事例の全体解説

この事例は、リーダーの愛媛さんが問題を発見して暫定的な解決を実施した後に、抜本的な問題を解決します。

問題解決の出発点は、問題発生の状況を把握することです。

香川さんは機器納品に誤りがあり、顧客が怒っていると言っています。一生懸命やっているのにと嘆いています。しかし、今は香川さんをなだめながら事実確認を優先します。到着した機器の構成はどうか、顧客はどの程度怒っているのか、何を求めているのかなどです。

一方、あるべき状態も確認します。香川さんの話と契約書を照らし合わせて、ギャップを発見します。

起きてしまった問題では、まず暫定的な解決に取り組みます。愛媛さんは、暫定的に、機器を変更することと、自ら顧客に対応することを課題にしました。

事例にはありませんが、愛媛さんは、機器変更と顧客対応のどちらを優先すべきかと問われたら、香川さ

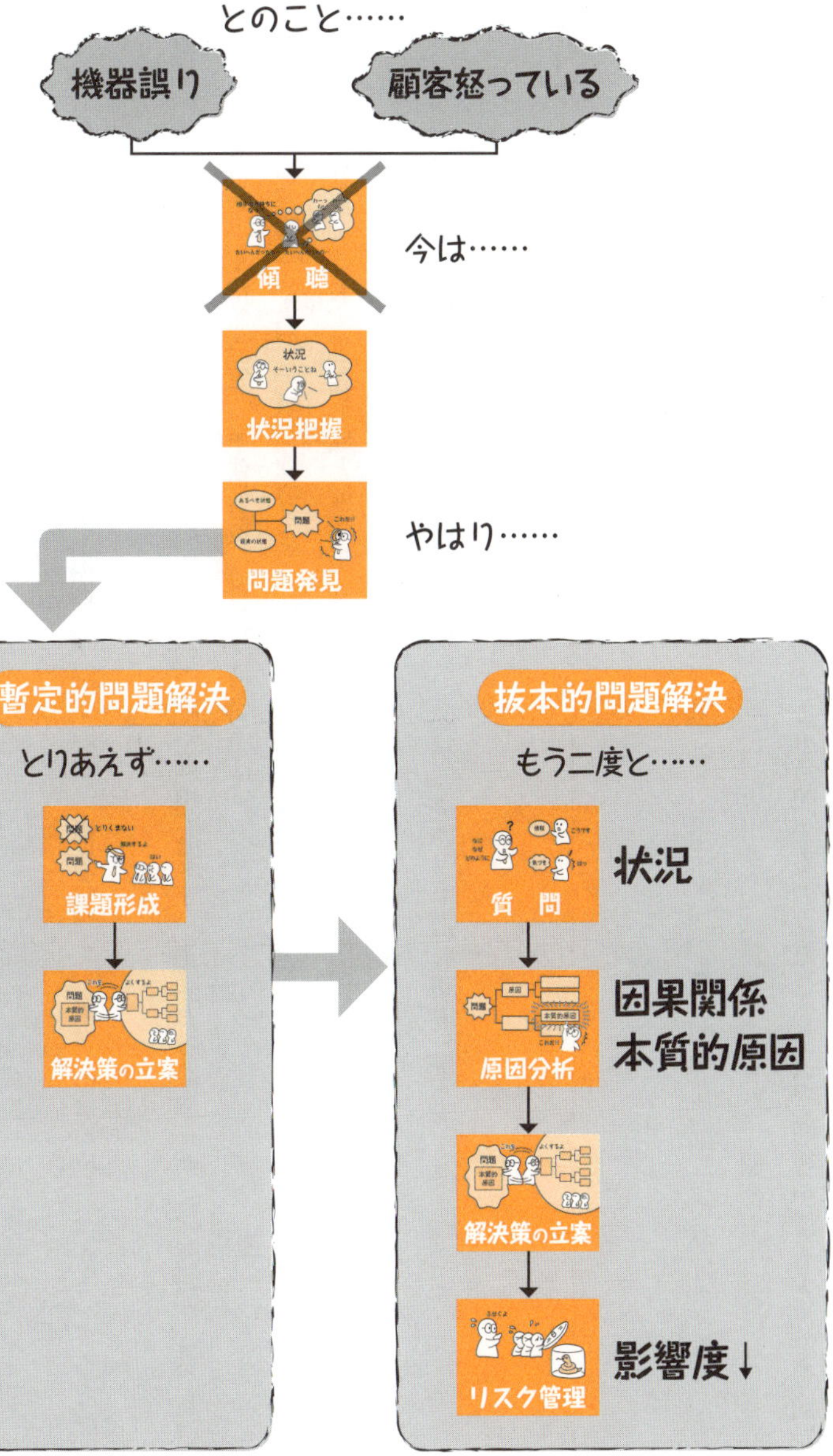
とのこと……
機器誤り
顧客怒っている
傾　聴
今は……
状況把握
問題発見
やはり……
暫定的問題解決
とりあえず……
課題形成
解決策の立案
抜本的問題解決
もう二度と……
質　問
状況
原因分析
因果関係
本質的原因
解決策の立案
リスク管理
影響度↓

んに顧客対応を任せて、機器の変更を優先するほうが良いでしょう。変更にめどが立ったら、その情報をもって顧客へ出向き、謝罪したうえで今後の見通しを説明します。見通しもないままリーダーが顧客へ出向いても、さらに信頼を失うことになりかねません。

次は、抜本的な問題解決です。状況を把握し、因果関係で構造化して、本質的な原因をつかみ、二度と問題が起こらないよう解決策を施します。

複雑な問題に遭遇したら、焦らずに問題解決の手順を利用します。手順とはおおまかに、問題発見、課題形成、原因分析、解決策立案、解決行動、評価・改善です。

リーダーは、問題解決の手順を理解して、状況に合わせて最適な手順を選択します。暫定的問題解決では、緻密な原因分析よりも、課題形成と解決策立案が急がれます。抜本的問題解決では、徹底した原因究明が必要ですし、解決策では、仕事、人、仕組み、風土の観点からモレなく着手します。各段階では、ブレインストーミング、ＫＪ法、ツリー図、特性要因図など、問題解決のツールも利用します。

事例のリーダー行動の解説

■状況把握

状況把握とは、置かれた状況についての情報を収集して、実態をつかみ、的確な活動につなげることです。

愛媛さんは、機器の構成や顧客について把握しようと、香川さんに質問しました。顧客や工事担当者とも対応しなければならない香川さんに、たくさんのことを質問するのは難しいため、顧客が最も重視する機器は何か、その機器は何台不足しているのか、後からその機器が到着したら設置工事にはどれくらいの時間がかかるかなど、狙いを定めて効率的に質問します。収集した情報を図解で整理するなど、第三者にわかりやすくまとめることも大切です。

■原因分析

原因分析とは、問題を引き起こしている本質的な原因をつかみ、解決の方向性を見つけることです。

客先にいる香川さんに原因を聞いてもらちが明きません。時間がかかる原因分析は、問題を暫定的に解決した後に落ち着いて取り組みます。香川さんへの質問では、尋問にならないように注意します。できるだけ客観的な事象を集め、ツリー図や特性要因図などのツールを使って、因果関係で組み立てます。この中から悪影響を及ぼしている本質的な原因を見つけます。

■リスク管理

リスク管理とは、好ましくない事態（リスク）が発生しないよう予防すること、発生を想定して事前に対処することです。

事例において「二重チェックをかける」という解決策では、作業が煩雑になるリスクがあります。しかも、この発生確率は高く、手間もかかることから影響度も大きいでしょう。将来的には、システム化、自動化するにしても、現段階では、メンバー全員で分けもつことで影響度を下げます。

事例

「自動車整備士」

奈良さんは、自動車販売店の整備士チームのリーダーです。

自動車整備士は人手不足が続いており、若手メンバーを早期に育成することが課題です。しかし、会社には、育成目標やＯＪＴ計画がありません。整備技術は見て盗むものという雰囲気があり、先輩によって言うことが違います。先輩の仕事が忙しいと指導は後回しです。

こうした状況に危機感を抱いた奈良さんは、若手を計画的に育成しようと考え、まず、若手が1年後に取り組む仕事と成果を設定しました**【育成目標の設定】**。次に、その仕事・成果を実現するために必要な能力を考え出し、いつまでに・どのレベルに達すれば良いか、どのような方法で指導すれば良いかを考えました**【ＯＪＴ計画の立案】**。

指導者はベテランの滋賀さんにしました。滋賀さんには、「指導者としての役割を自覚してほしい。若手を計画的に育成してほしい」と期待を示したうえで、初級レベルの若手には知識・技能をわかりやすく教える、中級レベルの若手には自ら考え行動するように導くことを依頼しました。

いよいよ指導の始まりです。初級クラスの若手には、滋賀さんが作成したマニュアルを説明し、手本を示して練習させました**【ティーチング】**。

中級クラスの若手には、「うまくいかない点はどこか」「なぜうまくいかないか」「どうすればうまくいくか」という質問を繰り出して、考えを整理させました。若手の考えを共感的に理解することで、自信をもたせ、主体的な行動につなげました**【コーチング】**。

1年が過ぎて、OJT活動を振り返るときがきました。まず、若手と滋賀さんがそれぞれ、育成目標に対する結果と学習活動を振り返ります。次に、二者面談により、若手と滋賀さんの考えをすり合わせます。来年度の育成目標も設定します**【OJTの評価】**。

二者面談の後は、奈良さんと滋賀さんとの面談です。滋賀さんは、指導することで自分も成長したようです。来年度は滋賀さんがOJT計画を立案することで合意しました**【OJTの評価】**。奈良さんは、こうした指導状況をチームで共有して、皆で教え合う雰囲気をつくるつもりです。

事例の全体解説

事例の職場では、整備技術は盗むものという雰囲気があり、先輩によって言うことが違い、先輩が忙しいと指導は後回しといったように、若手を育てる条件が整っていません。

そこで、リーダーの奈良さんが直接教えるのではなく、若手が育つ学習環境づくりを行いました。

奈良さんが育成目標の設定とOJT計画の立案をして（Plan）、ベテランの滋賀さんに指導させました（Do）。OJTの評価を経て（Check＆Act）、来年度は滋賀さんにOJT計画を立案させます（Next Plan）。また、チーム皆で教え合う雰囲気づくりを行います。具体的には、こうです。

OJT計画の立案では、1年後の仕事・成果を実現するために必要となる能力を考え出し、到達レベルや指導方法まで具体化しました。

滋賀さんに指導者としての役割を認識させ、若手のレベルに合わせて指導スタイルを変えるよう依頼しました。

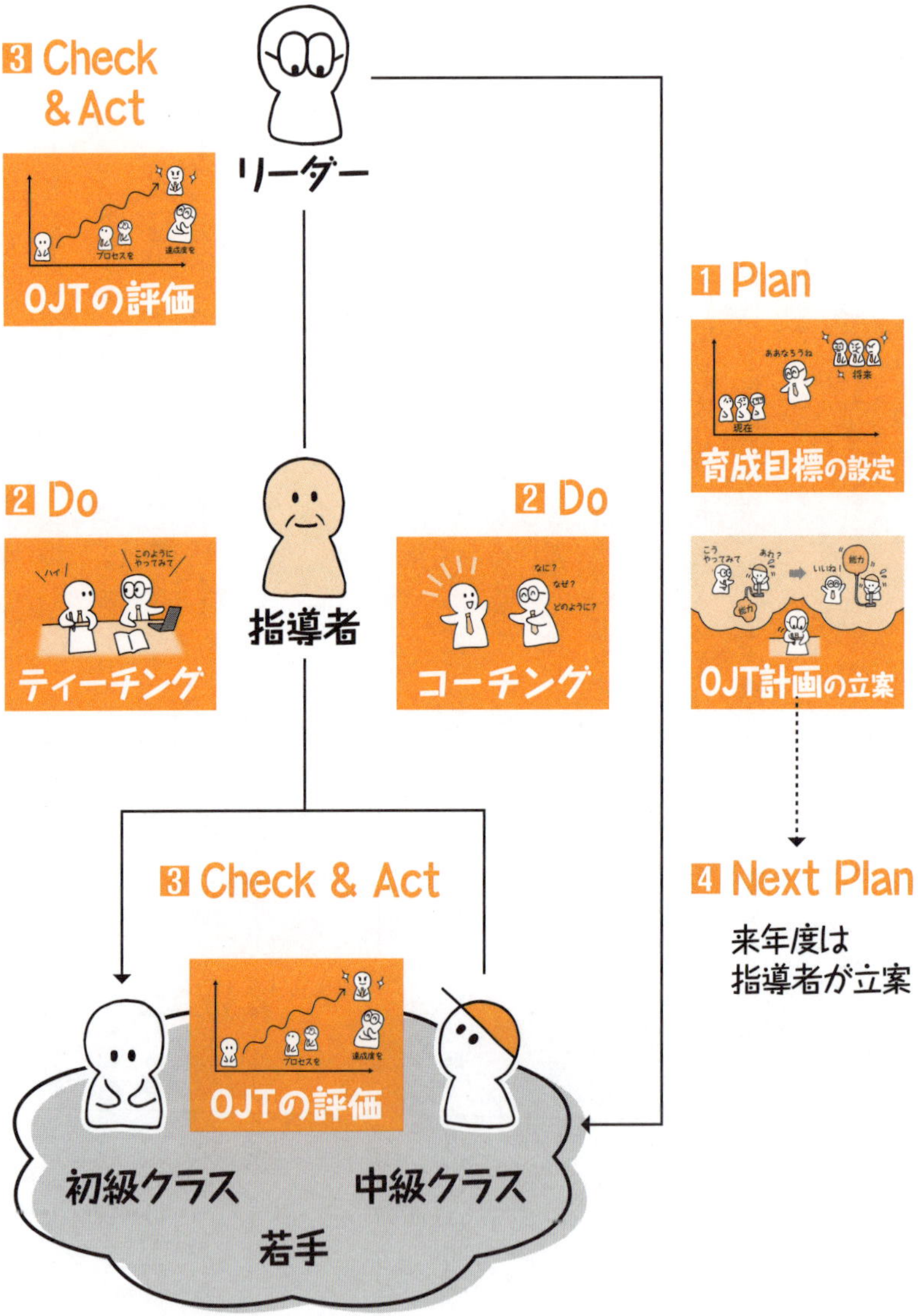

3 Check & Act
OJTの評価
リーダー
1 Plan
育成目標の設定
2 Do
ティーチング
指導者
2 Do
コーチング
OJT計画の立案
3 Check & Act
4 Next Plan
来年度は
指導者が立案
OJTの評価
初級クラス
中級クラス
若手

滋賀さんは、指導スタイルを使い分けました。初級クラスには知識・技能を教え込むティーチングを、中級クラスには考えを整理させる質問を繰り出すコーチングを行いました。メンバーの個性に合わせた指導も行ったことでしょう。

1年が過ぎてＯＪＴ活動を評価します。評価の際は、まず、指導される側と指導する側の各々が、目標達成度と活動プロセスを振り返ります。そして、それぞれが考えをもったうえで面談に臨み、考えをすり合わせます。指導する側も、自分の指導計画や指導方法が良かったのかを必ず振り返ります。

その後、奈良さんは、滋賀さんとも振り返りの面談を行いました。滋賀さんの自己成長感を高め、来年度は主体的にＯＪＴ計画を立案してもらうことで合意しました。また、チーム全体で若手を育てる雰囲気づくりも意識しています。滋賀さんがキーパーソンとなり、若手の指導が自主的に行われ、若手、先輩、チームすべてが成長することを考えています。

事例のリーダー行動の解説

■育成目標の設定

育成目標の設定とは、一定期間後にメンバーの能力がどれだけ高まっているのか、さらにその状態での仕事内容や成果を定めることです。

奈良さんは、1年後に、取り組む仕事と成果を設定しました。設定にあたっては、奈良さんの考えだけでなく、組織が示す人材像や若手メンバーの能力や志向も考慮に入れます。

■ＯＪＴ計画の立案

ＯＪＴ計画の立案とは、仕事に必要な能力を重点的に習得させるための計画を立てることです。

奈良さんは、若手の育成目標を実現するために、必要となる能力を洗い出しました。効率的に育成するためには、高める能力を重点化して、計画的・段階的に引き上げます。事例にはないものの、Ｏｆｆ－ＪＴ（職場外教育）や自己啓発を、ＯＪＴ（職場内教育）と組み合わせます。

■ＯＪＴの評価

ＯＪＴの評価とは、育成目標の達成度とＯＪＴの活動プロセスを振り返り、次にいかすことです。

事例では、まず、若手メンバーと滋賀さんがそれぞれ振り返りを行っています。「育成目標に対する結果はどうか」「活動中に学び得たことは何か」など、振り返りのポイントを互いに決めて振り返ります。

二者面談では、事実をもとに評価を確認します。ＯＪＴを終えた直後だからこそ実感することができる成長感を抱かせ、今後の期待も話し合います。

事例「テニス部の顧問」

三重先生は、ある中学校の教員です。

かつて、柔道部の顧問として県内でも有数の強豪チームを率いてきましたが、数年前に、学校側の都合でテニス部の顧問に回されました。テニスのことはよくわからず、部員は素人ばかりです。健康増進のつもりで、部員と一緒にテニスを楽しむようにしました。

そんなある日、不登校だった1年生のテニス部員の静岡くんが部活にやってくるようになりました。部活仲間から「今度の顧問の先生は一緒にテニスをしてくれるから楽しいよ」と聞いたからです。静岡くんは、かつてテニススクールに通い将来が有望視された選手でしたが、中学校に入り勉強についていけず不登校になりました。三重先生と一緒にテニスをするうちに、「本当は、学校に通って部活にも出て、楽しみながらテニスが強くなりたい」と本音を話してくれました。

三重先生は、「自分にはテニスの技術はないが、これまでの経験をいかして部員の成長を支えることはできる」と考え**【役割認識】**、静岡くんを含む部員の本格的な指導を始めました。

静岡くんについては、彼と話し合い、1年後に県大会へ出場することを目標にしました**【育成目標の設定】**。専門家から助言を受け、体力トレーニングから始め、次第に技術トレーニング、試合形式でのトレーニングへと、一歩ずつ階段をのぼる指導計画を立案しました**【OJT計画の立案】**。三重先生にはテニスの経験がないため、技術を教え込む指導**【ティーチング】**ができない代わりに、問いを発して**【質問】**、本人に考えさせる指導スタイルをとりました**【コーチング】**。本人の答えを共感的に理解して【傾聴】、良いプレーや良い態度を事実をもって褒めて、データをもとに上手に叱って、本人の意欲を高めました【動機づけ】。

1年後、静岡くんは見事、県大会への出場を果たしました。他の部員も良い試合ができるようになり、みんなで達成感を味わった後、さらなる成長を目指してミーティングを行いました。

静岡くんとの個別ミーティングでは、彼が1年間の結果と活動プロセスを、三重先生が指導計画や指導内容を、それぞれ振り返った後、二人でそれを話し合いました【OJTの評価】。そのとき、静岡くんから「将来は大学を出て、三重先生のような教師になりたい。どうすればいいの?」という話が出ました。三重先生は、指導者としての充実を感じるとともに、これからは静岡くんのキャリアについてもサポートしようと決めました【キャリア開発の支援】。

事例の全体解説

この事例では、静岡くんの育成目標を設定し、OJT計画を立案した後、三重先生の指導が始まります。とはいっても、教え込むティーチングはできないため、考えさせるコーチングが中心です。OJTの評価をした後、キャリア開発の支援も行います。

「自分にはテニスの技術はないが、これまでの経験をいかして部員の成長を支えることができる」という三重先生の頭の中には、コーチングの指導スタイルが浮かんでいました。

仕事においても、着任したてのリーダーが、新しい職場の仕事がわからず、焦ってしまうことがあります。

メンバーに仕事を教え込むティーチングをするために知識・技能を高める努力は大切ですが、メンバーの能力がもともと高いと、追いつくだけでもたいへんです。

一方、成熟したメンバーでも、判断に迷うことがあります。自信がもてないこともあります。そのとき、リーダーが問いを発して、メンバーの答えに傾聴するコーチングは、気づきや自信につながります。

また、コーチングであれ、ティーチングであれ、計画的な育成は必要です。育成目標を設定し、ＯＪＴ計画を立案したうえで、指導を実施します。育成期間を終えたら、育成目標の達成度や活動プロセスを振り返るＯＪＴの評価を行います。

部員と三重先生は、１年間のＯＪＴについて、それぞれが振り返った後、二人で話し合いました。いきなり話し合いから始めると、じっくり振り返る時間がありません。また、話し合いの場でリーダーが先に評価を述べると、メンバーは何も言えなくなります。しっかり内省するためにも、考えていることを本音で共有するためにも、まずそれぞれで振り返る時間をとることが大切です。

静岡くんから、将来は三重先生のような教師になりたいという話が出ました。指導者冥利に尽きる瞬間です。三重先生は、経験を語り、知識を授け、場を提供し、人を紹介するなど、静岡くんのキャリア開発に向けて、様々な支援を考えます。

職場におけるリーダーも、メンバーの能力を高める指導だけではなく、メンバーのキャリア開発の支援も大切になってきました。メンバーの能力・志向を知り、経験の機会をあたえて、成長をサポートします。

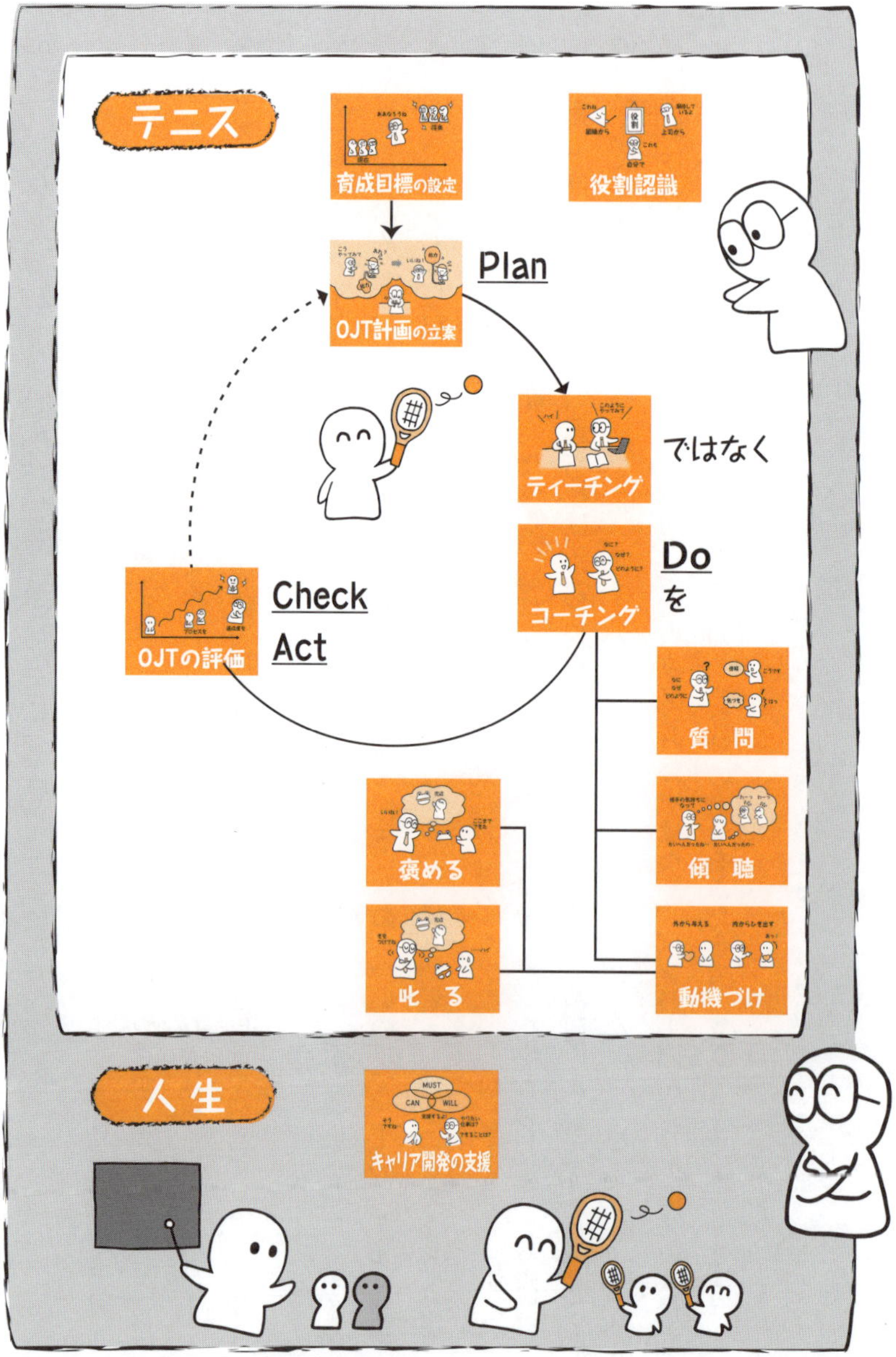

テニス
育成目標の設定
役割認識
Plan
OJT計画の立案
ティーチング
ではなく
Do
を
コーチング
Check
Act
OJTの評価
質　問
傾　聴
褒める
叱　る
動機づけ
人　生
MUST
CAN
WILL
キャリア開発の支援

事例のリーダー行動の解説

■役割認識

役割認識とは、期待される役割を理解することです。

三重先生の場合、柔道部からテニス部へ回され、指導に身が入りません。しかし、部員と一緒にテニスを楽しみ、また静岡くんとの出会いから、「自分にはテニスの技術はないが、これまでの経験をいかして部員の成長を支えることはできる」という、自分なりの指導者の役割を認識しました。

■質問、傾聴

質問とは、情報を収集するために尋ねることや、気づきをあたえるために問を発することです。

傾聴とは、事実だけではなく、気持ちまで含めて共感的に理解する聴き方のことです。

成熟したメンバーには、自ら考え行動してもらいたいものです。しかし、考えが狭い・浅い、考えるほどに混乱するというメンバーもいます。そこでリーダーは、メンバーの考えを整理できる体系的な質問を行います。例えば、問題と原因、課題と解決策を尋ねます。答えが広がるオープン質問、ひと言で答えるクローズド質問も上手に使い分けます。

また、メンバーの答えは、きちんと受容します。正しいとか間違っているとかの問題ではなく、メンバーが感じたことはメンバーにとって真実だというスタンスに立ち、最適な解を一緒に考えるようにします。

■ティーチング、コーチング

ティーチングとは、仕事の重要さ、進め方、知識・技能などをメンバーに教え込む指導技術です。

コーチングとは、メンバーの気づきを促して考えや主体性を引き出す指導技術です。

事例にはないものの、三重先生は、今後、テニスの技術が身につくかもしれません。そのときは、初心者の部員にティーチングできることでしょう。ただし、間違った技術を教えることがないよう、三重先生自身も専門家から学び続けます。部員が成熟してきたら、自ら考え行動させるコーチングに切り替えます。

事例

「ケーキ製造の活力ある職場づくり」

秋田さんは、ケーキをつくる会社の製造リーダーです。

クリスマスの時期はたくさんのケーキをつくります。去年も、ヘトヘトになるまでつくった後、そのケーキを1個買って帰り、家族でクリスマスを祝いました。遅い時間にもかかわらず、「お母さんがつくったケーキ、お母さんと一緒にクリスマス、嬉しい！」と子供が大はしゃぎ。この言葉から秋田さんにひとつの信念が生まれました**【信念】**。

今年のクリスマス、秋田さんはメンバーに語りました。「私たちにとっては大量につくるケーキだけど、食べる人にとっては素敵なときを演出するケーキです。真心を込めて大切につくりましょう」と**【目的共有】**。チームの約束事も語りました。

「食品衛生の注意を怠らないこと、安全に作業すること、自由に意見が言える風通しのよい雰囲気を保つこと」です【チームの約束事】。

短時間で大量につくる作業は、リーダーの目が行き届きにくく、チームの運営が難しくなります。そこで、担当ごとにサブリーダーを配置し、若手をサポートする体制をつくりました【役割分担】。作業は決まっていますが、創意工夫できる余地を残して、アイデアを積極的に提案してもらい、チームの知恵にする態勢にしました【相乗効果】。

こうした相乗効果を発揮できるのは、日頃から休憩時間などのお茶会で、皆が自由に意見を言える雰囲気をつくっているからです。リーダーが変なアイデアを言い、メンバーが笑いながらダメ出しをして、代わりに実現できそうなアイデアを発言してもらいました。良いアイデアは積極的に採用しました【雰囲気づくり】。

いよいよケーキの大量生産が始まりました。焦ってケーキを落とす、ぶつけるミスが多発しましたが、役割分担によりサブリーダーが若手をサポートする体制が功を奏して、互いに助け合っています【助け合い】。ケーキを運ぶ方法や作業の動作を、そのつど改善します。良いと思う改善策は、作業中でも提案してもらい、相乗効果を高めています。改善策を取り入れると一時的に生産性が低下しますが、慣れてくると生産性が飛躍的に向上します【改善】。

すべてのケーキをつくり終え、リーダーが「目標を達成したよ」「みんな頑張ったね」と声をかけると、メンバーは達成感でいっぱいになりました。お茶会では、お互いに褒め合い、失敗を笑い合い、反省も忘れずに、明日への活力にしました。

事例の全体解説

この事例では、秋田さんの「信念」が影響をあたえ、「目的共有」と「チームの約束事」につながり、人をいかすチームづくりができあがりました。

そして、事をなす分野と、人をいかす分野は、相互に作用し始めます。

事をなす「役割分担」が、人をいかす「助け合い」になります。人をいかす「相乗効果」が、事をなす「改善」につながります。

こうしてチームは、目標達成と活性化へ向かっていきます。

この事例の隠れたポイントは、休憩時間などのお茶会です。

リーダーが変なアイデアを言うことに誘われてメンバーがダメ出しをして、代わりに実現できるアイデアを発言します。そして、良いアイデアは採用されます。

このように、自由に意見を言える雰囲気をつくり、アイデアが形になっていくところに、事をなし、人をいかすための土台があります。

すべてのケーキをつくり終え、達成感でいっぱいのメンバーが、またお茶会をします。褒め合い、失敗を笑い合い、反省して明日への活力にするあたりに、リーダーの心にくいほどの仕掛けを感じます。

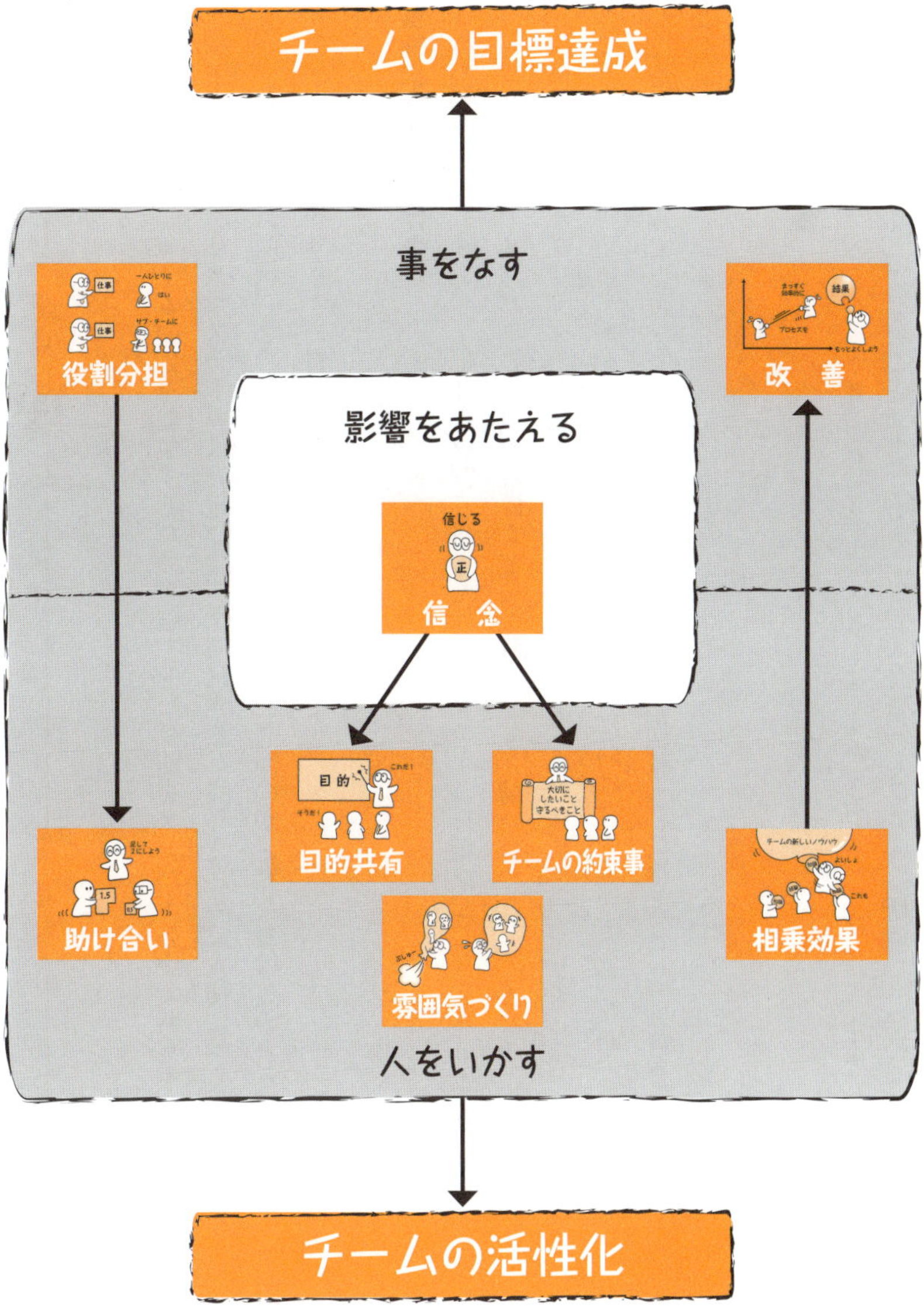
チームの目標達成
事をなす
役割分担
改　善
影響をあたえる
信じる
信　念
目的共有
チームの約束事
助け合い
相乗効果
雰囲気づくり
人をいかす
チームの活性化

事例のリーダー行動の解説

■目的共有

目的共有とは、チームの力を結集するため、魅力的な目的をメンバーの中で共有することです。

秋田さんは、クリスマスケーキは素敵な時間を演出する、真心を込めて大切につくりましょうと投げかけます。魅力的な目的は、この仕事は誰に・どのように役立つのか、私たちはどのような思いで仕事をするのかについて、わかりやすい言葉で発信することが大切です。

■役割分担、助け合い

役割分担とは、メンバーに仕事を割り当てたり、サブチームを編成したりすることです。

助け合いとは、メンバーの能力や資源などをもち寄って、補い合うことです。

秋田さんは、サブリーダーを配置して、若手をサポートする体制をつくりました。秋田さんの目が行き届きにくいなか、サブリーダーが若手を指導し、また互いに助け合っています。なお、事例にはありませんが、役割を分担しすぎると、メンバーが役割の範囲内でしか仕事をしなくなり、助け合いが起こりにくくなることがあります。

■相乗効果、改善

相乗効果とは、メンバーが知識・経験を出し合い、チームで新しいノウハウに生まれ変わらせることです。

改善とは、評価したときに見つけた好ましくない状況を良くすることです。

事例では、そのつど改善したり、良いと思う改善策は作業中でも提案してもらい、相乗効果を高めています。改善策を取り入れると、一時的には生産性が低下しますが、信じたことをあきらめず、生産性の回復・向上という結果でメンバーを納得させます。

事例

「設備保守」

富山さんは、鉄鋼プラントを保守する会社の現場リーダーです。

メンバーは、ベテラン社員の石川さん、新入社員の福井さん、契約社員の長野さん、外国籍のグエンさんです。富山さんは多様性を大切に受容することを心がけています**【多様性の受容】**。

ある日、新しい保守業務を請け負いました。富山さんは、メンバー全員を集めて、難しい作業があるけれど、力を合わせて乗り切る方針を説明しました**【説明】**。

難しい作業には自信がないと及び腰の長野さんには、石川さんにサポートしてもらいながら乗り越えてほしいと説得しました**【説得】**。

富山さんは、日頃から、こまめな報連相を求めています**【報連相】**。先日、トラブルを抱え込み、チームに迷惑をかけた福井さんを叱りました**【叱る】**。その後、トラブルをきちんと報告してきたときは、褒めることも忘れません**【褒める】**。

外国籍のグエンさんは、日本語に不慣れですが、熱心に仕事をしています。ある日、急な休日勤務をお願いすることがありましたが、グエンさんは拒みました。命令して勤務させることもできるのですが、何か事情があるのではと思い、まずは理由を尋ねてみました**【質問】**。

すると、休日は日本語学校に通っていること、日本語をもっと学んで仕事にいかしたいことを話してくれました。これらを共感的に聴くうちに**【傾聴】**、故郷にいる家族の生活をもっと楽にしてあげたいという思いも話してくれました。ここに本心があると感じた富山さんは、休日勤務は手当が出ること、仕事を頑張れば処遇が良くなることを説明し、富山さん側も、今後は休日勤務があるときは早めに連絡することを約束して、合意を得ました**【合意形成】**。

いよいよ難しい作業に入りました。石川さんが、長野さんに作業方法を説明しています。けれども、口頭だけの説明ではわかりにくく、長野さんは及び腰です。富山さんは、石川さんに作業方法をわかりやすくチャートにして説明するよう要請しました**【見える化】**。

事例の全体解説

この事例では、富山さんがチームの多様性を大切にしつつ、メンバー全員に説明したり、一人ひとりに働きかけたりしています。

事例では、様々な立場のメンバーが集まっています。新しい仕事を請け負ったときは、まず全員の前で方針を説明しました。個別に説明して回ると、各メンバーへの対応に追われ、全体最適を失いがちです。それに、リーダーがこそこそ動くと、メンバーが不審に思います。

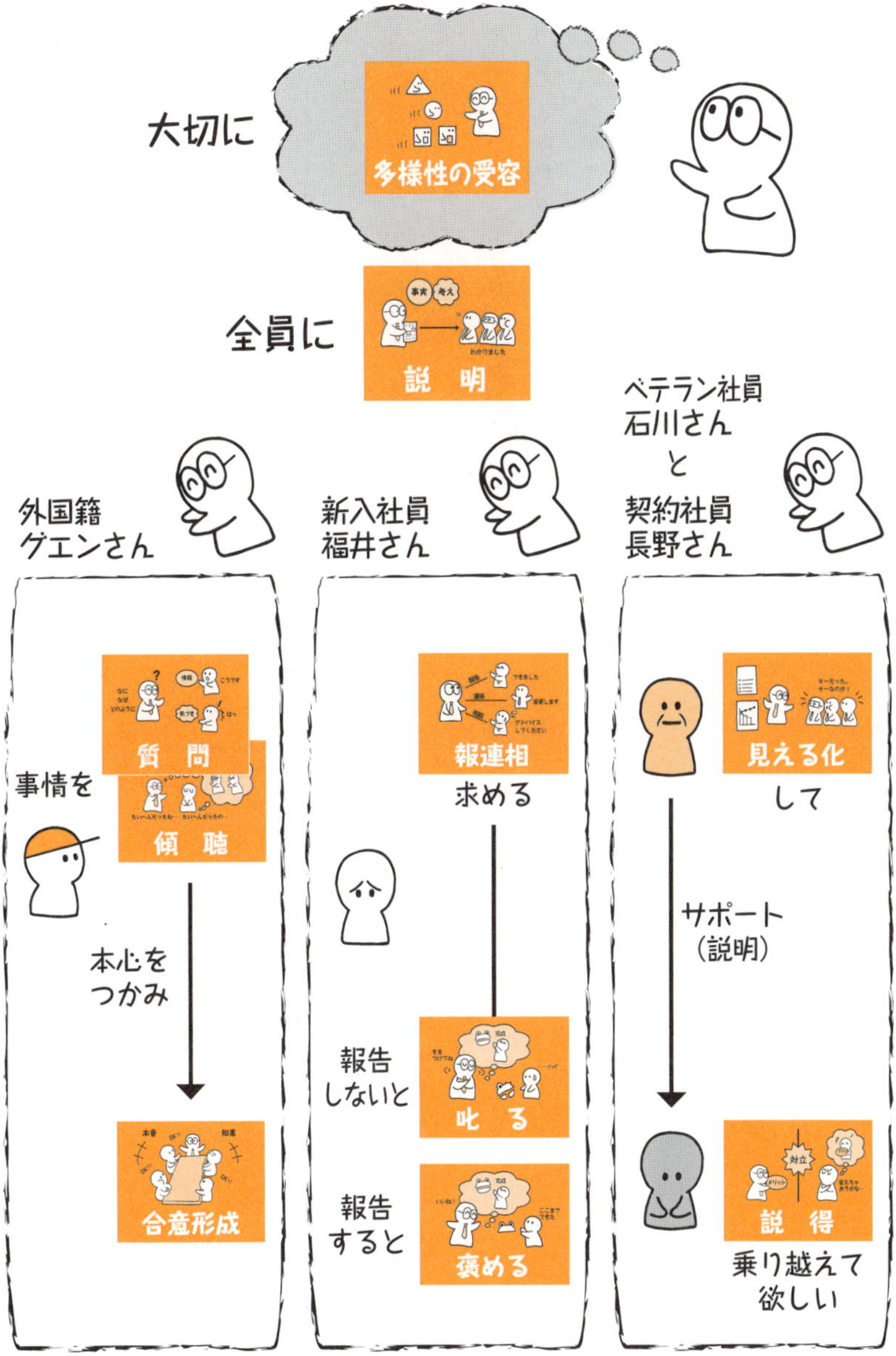
大切に
多様性の受容
全員に
説　明
外国籍
グエンさん
新入社員
福井さん
ベテラン社員
石川さん
と
契約社員
長野さん
質　問
事情を
傾　聴
本心を
つかみ
合意形成
報連相
求める
報告
しないと
叱　る
報告
すると
褒める
見える化
して
サポート
（説明）
説　得
乗り越えて
欲しい

全員説明の次は個別対応です。難しい作業を乗り越えてほしいと説得した長野さんには、石川さんのサポートが必要です。しかし、石川さんの口頭説明だけでは、長野さんに伝わりません。チャートで見える化して、長野さんに安心感をあたえつつ、理解を促しました。

富山さんは、こまめな報連相を求めています。その理由は、チームとメンバーの成果と成長のためと思われます。報告しないときは福井さんを叱り、報告したときは褒めるという行為はわかりやすく、リーダーに必要な言行一致と一貫性が見られます。

休日勤務を拒むグエンさんに、権限で命令せずに事情を尋ねたところ、日本語学校に通っているという事実と、グエンさんの本心を聴くことができました。それにもとづく対処策を示すことで、休日勤務の合意を得られやすくなりました。

事例はここまでですが、メンバーがもっと成熟したら、個別に働きかける度合いを減らし、メンバー間の助け合いや相乗効果を促すといった一歩引いたリーダーシップが大切です。メンバーが自分たちで考え、行動して、成果をあげることで、チームの一体感や成長感が高まることでしょう。そして、リーダーは、より戦略的な活動へとシフトします。

事例のリーダー行動の解説

■多様性の受容

多様性の受容とは、メンバー間の様々な違いを、認識・尊重して、うまく活用することです。

富山さんは、メンバーの様々な違いを受け入れ、大切にしています。また、チームメンバーにも様々な違いを受け入れさせています。その一例として、作業方法をチャートに見える化して、長野さんにわかりやすく説明するよう、石川さんに要請しました。

■叱る、褒める

叱るとは、相手の成長を願って、相手の考えや行動の良くない点を指摘して、改善させることです。褒めるとは、相手の成長を願って、相手の考えや行動の良い点を称えることです。

富山さんは、こまめな報連相を求めるという基準を示しました。それに反してトラブルを抱え込んだ福井さんを叱りました。事例にはありませんが、報告を怠った点を指摘して、今後どうすればよいかの改善策を一緒に考えながら、福井さんの成長を願ったことでしょう。逆に福井さんがきちんと報告してきたときは、福井さんのさらなる成長を願って褒めました。基準をもとに叱る、褒めるといったリーダーの一貫した行動と公平性が生まれます。

■合意形成

合意形成とは、表面的な意見だけではなく、本音や価値観も明らかにして、全員が満足する一致点をつくることです。

富山さんは、質問を交えつつ、グエンさんの話を共感的に理解して、家族の生活を楽にしてあげたいという本心を引き出しました。これをもとに、目に見える対処策も示しました。富山さんは、手当、処遇、早めの連絡といった、グエンさんにとって目に見えるメリットを示すことで納得してもらい、合意を得ました。

第四章

自分の職場で考えよう！リーダーの行動

また言われた！

「お前、のんきでいいな～」って。

図書館で慣れない本を読んでフラフラなのに、戻った動物園でまどろんでたら、すぐこれだ。

わたしは、のんきじゃないし、将来を真剣に考えてる！

まったく、人間というのは、自分がその状況になってみないと理解できない生き物だわ。

「その状況になってみないと」といえば、あの本……等身大のリーダーの事例を読んで、リーダー行動を組み合わせるのはわかったけど、人間のことだから、「自分とは違う」「自分にはできない」とか言いかねない。

だったら、読む人が自分の職場に置き換えて考えるしかないのでは？

本、借りてきたんだった。この章に載ってる。

第4章の学び方

■ほとんどのリーダーに当てはまる事例から学ぶ

この章では、ほとんどのリーダーに当てはまる事例を用意しました。

まず、自分がその状況に置かれていることを想像して、リーダー行動50の中から、必要となるリーダー行動カードを選んで配置してください。

次に、配置したリーダー行動カードから、自分が重要だと思うカードを選び、自分の職場で具体的にどのような行動をとっているか・とるべきかを思い浮かべ、そのリーダー行動を強化または克服する方法を考えてください。

事例

「チームリーダーとしての第一歩を考えよう」

次の事例文を読んで、カードを配置してください。
さらに、カードを線で結び、カード間の関係を明らかにしてください。

あなたは新しい職場へ転属になり、チームリーダーとなりました。

上司からは

- **チームリーダーとしての自覚をもってほしい。**
- **チームの方向性を定めて、それをメンバーに理解・納得させてほしい。**
- **チームの成果をあげ、メンバーの成長を果たしてほしい**

と期待されています。

この状況において、あなたは、リーダー行動カードを使って、どのようなリーダーシップをつくりますか。

■カードの配置（カードを置く、線で結ぶ、線で囲む等）

■自分なりの強化方法

重要なリーダー行動	自分の職場で具体的にどのようなリーダー行動をとっているか（現状）どのようなリーダー行動をとるべきか（理想）	そのリーダー行動の強化策または克服策

・配置したリーダー行動カードの中から、重要だと思うリーダー行動を３つほど選ぶ
・選んだリーダー行動について具体的に考える
（自分の職場で具体的にどのような行動をとっているか・とるべきか）
・選んだリーダー行動について強化または克服する方法を考える
（第２章を参考に）

事例

「チーム活動中の問題解決を考えよう」

次の事例文を読んで、カードを配置してください。
さらに、カードを線で結び、カード間の関係を明らかにしてください。

チームの目標と計画が決まり、本格的な活動に入りました。

しかし、人をいかす分野において、さっそく問題が発生しています。

例えば

- 特定のメンバーに業務が集中し、チーム全体の仕事が遅れがち
- 自分の業務だけこなして、他の人の業務には関与しないメンバーがいる
- チーム全体の雰囲気がギスギスしている

などです。

あなたは、リーダーになってからも、プレーヤーとしての仕事に一生懸命取り組んできました。
しかし、今のチーム状態では、リーダーとしてチームを運営しきれていなかったツケが回ってきたようにも思います。

この状況において、あなたは、リーダー行動カードを使って、どのようなリーダーシップをつくりますか。

■カードの配置（カードを置く、線で結ぶ、線で囲む等）

■自分なりの強化方法

重要なリーダー行動	自分の職場で具体的にどのようなリーダー行動をとっているか（現状）どのようなリーダー行動をとるべきか（理想）	そのリーダー行動の強化策または克服策

・配置したリーダー行動カードの中から、重要だと思うリーダー行動を３つほど選ぶ
・選んだリーダー行動について具体的に考える
（自分の職場で具体的にどのような行動をとっているかを・とるべきか）
・選んだリーダー行動について強化または克服する方法を考える
（第２章を参考に）

事例

「順調な今だからこそ考えよう」

次の事例文を読んで、カードを配置してください。
さらに、カードを線で結び、カード間の関係を明らかにしてください。

この頃は、チームメンバーが協力して業務をこなすようになり、仕事も順調です。

メンバーも今の状況に満足しているようですが、挑戦意欲が薄れています。マンネリも感じています。

この状況において、あなたは、リーダー行動カードを使って、どのようなリーダーシップをつくりますか。

■カードの配置（カードを置く、線で結ぶ、線で囲む等）

■自分なりの強化方法

重要なリーダー行動	自分の職場で具体的にどのようなリーダー行動をとっているか（現状）どのようなリーダー行動をとるべきか（理想）	そのリーダー行動の強化策または克服策

・配置したリーダー行動カードの中から、重要だと思うリーダー行動を３つほど選ぶ
・選んだリーダー行動について具体的に考える
（自分の職場で具体的にどのような行動をとっているかを・とるべきか）
・選んだリーダー行動について強化または克服する方法を考える
（第２章を参考に）

第五章

もっと羽ばたこう！
職場リーダーの成長

夢を見た。

甘いものをいっぱい食べて、温泉に入って、クラブのママをしている夢を。

今とはまったく景色が違う。
夢なのに、現実感がある。

ひょっとして、今の生活が終わって、新しい世界へ飛び込むときなのかしら。
まだこの世界にいたいような、でも終わりを悟ったような。

成長……。

そういえば、リーダーとして成長するってどういうことなのかしら。

この本の最後に書いてある。読んでみよっと。

あっ、どうしよう。
返却期日が過ぎてる…。

リーダーとしての成長に向けて

■リーダーとして成長するための3つのアプローチ

ここまでは、チームリーダーの役割と、役割を果たすためのリーダー行動50を紹介しました。そして、身近なリーダーの事例をテーマに、リーダー行動を組み合わせました。職場にありがちな事例から、読者ならではのリーダー行動も考えました。

ここからは、**リーダーとしての成長を考えます。**

まだリーダーになったばかりで先のことまで考える余裕がないという方も、成長の方向性を頭の片隅に入れておけば、現在の活動を意味あるものとすることができます。

この本では、リーダーとしての成長を、次の3つからアプローチします。

一つめは、リーダーの行動をもっと強化します。

リーダーの行動をわかりやすく4つのパターンに分けて、パターンごとに強化策を考えます。また、リーダー行動カードを組み合わせて全体から眺め、強化すべき行動を発見します。

二つめは、リーダーとしてのキャリアを高めます。

安定してリーダーシップを発揮できるようになった後、リーダーとしてもっと幅を広げるためにはどうしたら良いかを考えます。

三つめは、次のリーダーを育成します。

次のリーダーに知識や技能を教えるというよりは、本格的にリーダーシップを発揮してもらうための教育方法について考えます。

リーダー行動をもっと強化する

強化すべきリーダー行動を絞り込もう！

■専門性がないとは言い出せない……

職場に新しいリーダーがやってくると、メンバーは、自分たちより専門性が高いと思い込み、リーダーが専門的な知識・技能をもって指導してくれる、職場を良くしてくれると期待することがあります。

リーダーにとって、この思い込みや期待が厄介です。

特に他部門からやってきたリーダーは、異動先の仕事について専門性がありません。かつて身につけた知識・技能があっても、その職場ならではのやり方が決まっていれば、昔とった杵柄は通用しません。

メンバーは、「自分たちの思い込みは間違いだった」「自分たちの期待は誤っていた」と反省してはくれません。「専門性がないのにどうしてリーダーなんだ」「リーダーと認めない」と、言葉にしないまでも心でつぶやきます。

リーダーには、そんなメンバーの気持ちが突き刺さるように伝わってきます。自分の仕事はチームを運営することだと断言できれば楽でしょうが、プレイングマネージャーが大多数の現代では、リーダーから「自分は専門性が低い」と言い出す勇気はありません。

日々、専門性を磨き、よくわからないながらにメンバーを指示・指導します。そうこうしているうちに、少し専門性が身につき、チームのやり方にも慣れてきます。従ってくれるメンバーも増えてきます。「ああ、よかった」と思ったとき、実はリーダーとしての役割の分岐点に立たされています。

メンバーは都合の良いもので、問題が起きたとき、他部門との調整が必要になったとき、「あなたリーダーでしょ。チームを運営する役割でしょ。何とか

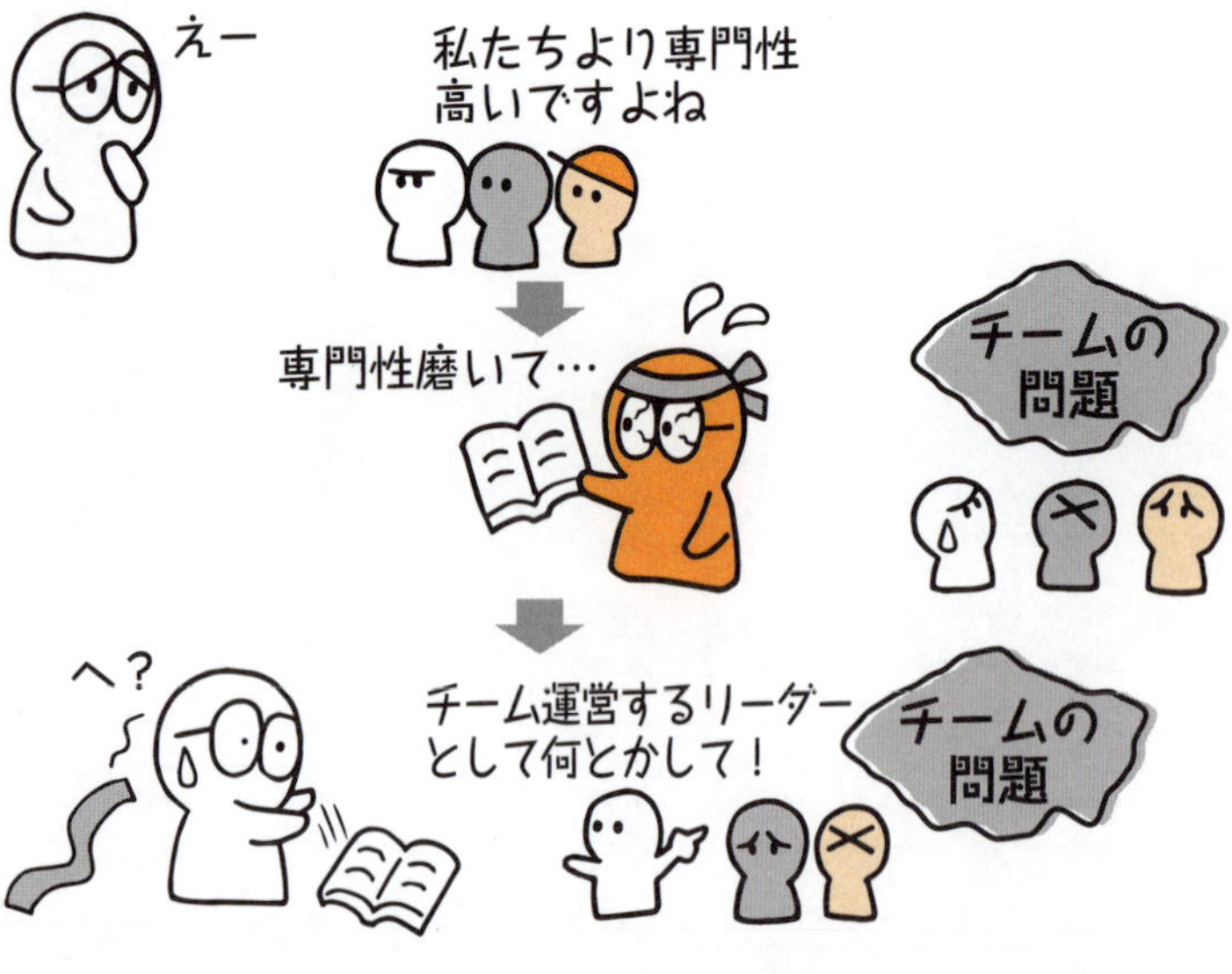
えー
私たちより専門性
高いですよね
専門性磨いて…
チームの
問題
へ？
チーム運営するリーダー
として何とかして！
チームの
問題

して」ときます。ようやく身につけた専門性ではなく、チームを運営するリーダー行動が優先されるのです。

プレーヤーとして磨きをかけているうちに、リーダー行動はすっかり錆びてしまいました。

■強化すべきリーダー行動を絞り込む

たしかに、現場のリーダーが専門性をもっていると的確な判断ができます。専門性があれば具体的な指導ができます。

しかし、リーダーの役割で大きいのは、チームの運営です。チームの状況を把握して、方向性を描き、メンバーを巻き込んで、やり遂げることが必要です。

自分はこれ以上専門性を高めるべきではないと考え、メンバーに専門性を発揮してもらう一方で、自分はチームの運営に軸足を置くことをメンバーにはっきり宣言する必要があります。

宣言したからには、リーダーとしての役割行動を確実に発揮し、リーダー行動50の強化に努めます。

しかしながら、忙しいリーダーにとって、リーダー行動50をすべて強化するのは無理があります。得意な行動ならまだしも、苦手な行動を強化するには時間がかかります。時間をかけて強化しても、今は発揮する必要がないことだってあります。

そこで、優先的に強化するリーダー行動を絞り込み、そこに時間やエネルギーを集中します。

4つのパターンから強化の方向性を考えよう!

2つの軸

リーダー行動50の中から、強化するリーダー行動を選択する場合、2つの軸から4つのパターンをつくり、その中から優先度をつけます。

2つの軸とは、リーダー行動の**「優劣」**と**「発揮の必要性」**です。

リーダー行動の「優劣」とは、リーダー自身の中で、優れているリーダー行動と、劣っている（優れ

ていない）リーダー行動です。

リーダー行動の「発揮の必要性」とは、すぐに発揮する必要がある行動と、すぐには発揮する必要がない行動です。

リーダー行動の「優劣」は、他人との比較ではなく自分の中での優劣ですから、自分が劣っていると思っても、他人よりは優れていることがあります。逆に、自分が優れていると思っても、他人より劣っていることがあります。

他人と比較してしまうと、過度に優れているか、過度に劣っていると判断する傾向がありますので、まずは自分の中だけで比較します。

リーダー行動の「発揮の必要性」は、すぐに発揮する必要がある・ないの判断基準をつくります。判断基準としては、チームの方向性の実現とメンバー

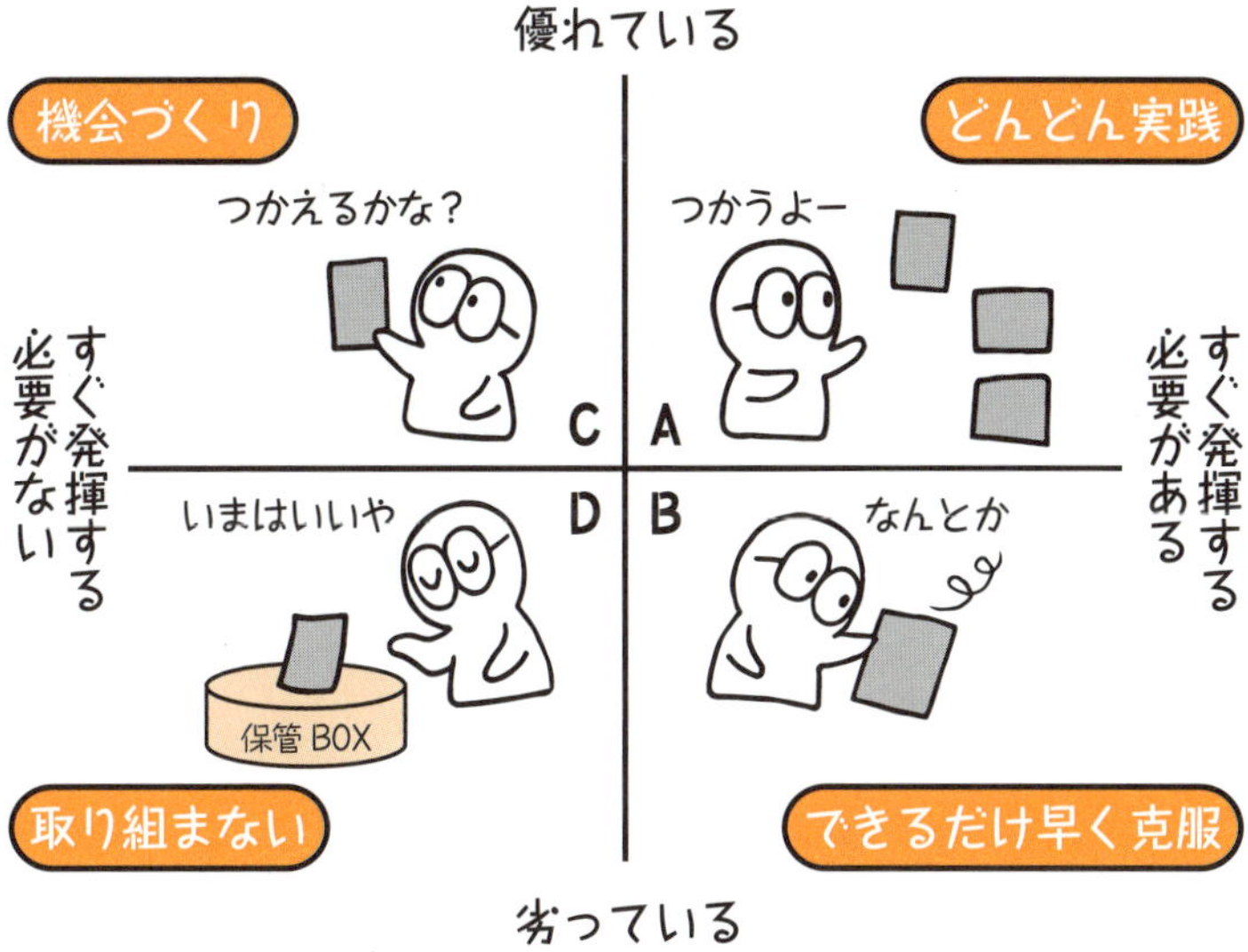

の成果と成長につながる行動か、上司・関連部門・お客様からの期待が高い行動か、リーダー自身として大切な行動か、などがあります。

■パターン別の強化の方向性

Aパターンは、リーダー行動が自分の中で優れており、すぐに発揮する必要があるものです。

このパターンのリーダー行動は、どんどん実践します。小さな成功体験を積み重ねて自信にします。その一方で、謙虚な気持ちで行動を振り返り、磨きをかけます。

Bパターンは、リーダー行動は自分の中で劣っているが、すぐに発揮する必要があるものです。

このパターンのリーダー行動は、発揮する必要に迫られているわけですから、できるだけ早く克服します。それぞれの強化策は第2章を参考にしてください。

Cパターンは、リーダー行動は自分の中で優れているものの、すぐには発揮する必要がないものです。

このパターンでは、リーダー行動を発揮する必要を生む機会づくりです。チームで新しい目標を設定したり、新しい仕事に取り組んだりします。新しいメンバーを招いたり、関連部門やお客様と連携の幅を広げます。

Dパターンは、リーダー行動が自分の中で劣っており、すぐには発揮する必要がないものです。

このパターンでは、リーダー行動を強化したところでいかす機会がないのですから、今は強化に取り組まないと割り切ります。Cパターンと同じく、リーダー行動を発揮する必要を生む機会をつくり、あえて劣っている点を露呈させて克服するという荒療法もありますが、いずれにしても優先度は最も低くなります。

組み合わせたカードから強化の方向性を考えよう！

組み合わせたカードを眺めてみる

先ほどは、リーダー行動50を4つのパターンに振り分け、優先度の高いパターンから強化すべきリーダー行動を選択する方法を紹介しました。

ここでは、**強化するリーダー行動を発見するもう一つの方法を紹介します。**

第4章では読者の職場の状況に合わせて最適なリーダー行動を組み合わせましたが、まず、組み合わせたカードを眺めます。

他のカードよりも発揮できているカードは、自分の中で優れたリーダー行動です。

例えば、「実行計画の立案」と「ＯＪＴ計画の立案」がある場合、ＯＪＴ計画の立案よりも実行計画の立案のほうが緻密に発揮できているなら、「実行計画の立案」が優れたリーダー行動です。


また、関連する他のカードに良い影響をあたえているカードも、優れたリーダー行動です。

例えば、リーダーとしての「信念」をもつことで、「決断」に迷いがなくなり、チームの「意識改革」の断行にもつながっている場合、「信念」は優れたリーダー行動です。


逆に、他のカードよりも発揮できていないカードは、自分の中で劣ったリーダー行動です。

例えば、問題解決において、緻密に「原因分析」ができるものの、「解決策の立案」では斬新なアイ

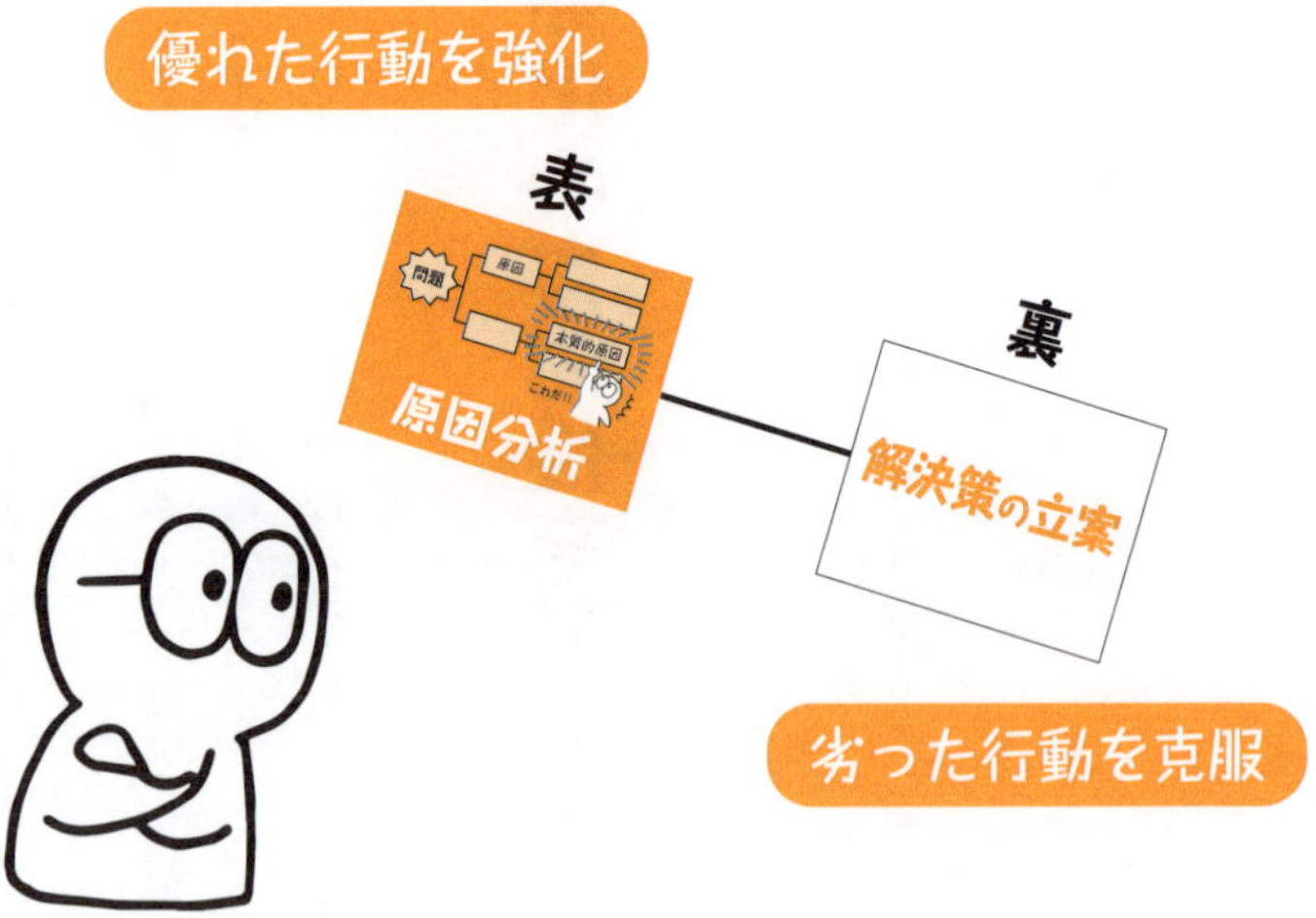

デアが浮かばない場合、「解決策の立案」は劣ったリーダー行動です。

関連する他のカードに良くない影響をあたえているカードも、劣ったリーダー行動です。

例えば、メンバーを厳しく「叱る」ことができないため、勝手な行動をとるメンバーが現れ、チームの「雰囲気づくり」が進んでいないといった場合、「叱る」は劣ったリーダー行動です。

これらの基準をもとに、あらためて組み合わせたリーダー行動カードを眺めます。優れたカードはそのまま表向きに、劣ったリーダー行動は裏向きにして、どの優れたリーダー行動から強化するか、どの劣ったリーダー行動から克服するかを考えます。

リーダーとしてのキャリアを高める

リーダーとしての成長に向けて

リーダーシップの成長とキャリアの関係

リーダーシップの成長とキャリアには強い関係があります。

年齢と経験を重ね、周囲からの期待が大きくなり、自分がやりたいことがはっきりして、仕事と人を動かす範囲が広がるからです。

例えば、初めてリーダーになり、小さなチームを運営し始めます。試行錯誤を続けて経験を重ねるうちに、自分なりのリーダーシップのコツをつかみます。そして、周囲の期待がもっと大きくなって、大きな組織のリーダーを任されるようになると、取り組む仕事と巻き込むメンバーが広がります。

仕事におけるリーダーシップ発揮の経験は、プライベートな場面でもいかされます。学生時代の友人との飲み会を取り仕切り、家族旅行を企画・運営し、地域社会で人心をまとめることができます。

■安定化の段階にキャリアの節目が

キャリアの節目に関しては、ナイジェル・ニコルソンの**「キャリア・トランジション・サイクル」**という考えが参考になります。

これは、キャリアの発達段階を4つに分けてサイクルにしたものです。**第1段階が「準備」、第2段階が「遭遇」、第3段階が「順応」、第4段階が「安定化」**です。

第1段階の「準備」とは、自分がリーダーになる心づもりをして、徐々にスキルを身につけ始める段階です。

昇進・昇格する、上司からリーダーとしての薫陶を受ける、次世代リーダーの研修を受講するなど、

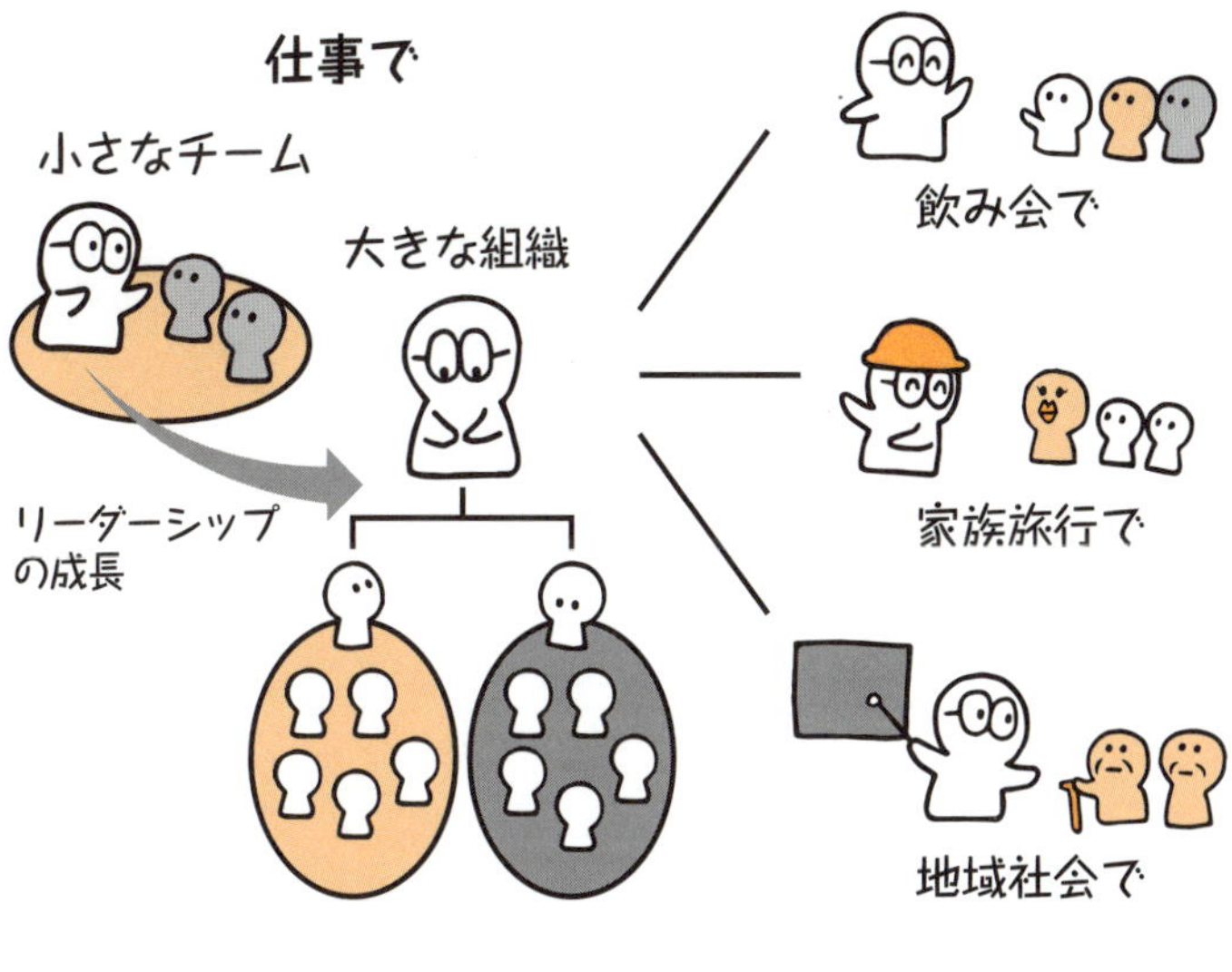

いよいよリーダーの世界に飛び込むのだという意識をもち、そのスキルを高め始めます。

第2段階の「遭遇」とは、リーダーという立場になって新しいことに遭遇する段階です。プレーヤーとの立場の違いに戸惑う、責任の重さを実感する、初めてチームとしての意思決定を迫られる、チームの代表として会議に参加するなど、日々新しいことばかりに出合います。

第3段階の「順応」とは、リーダーという世界に溶け込んで順応していく段階です。リーダーとしての振る舞い方がわかってきた、メンバーを通じてチームの成果が生まれている、メンバーが成長しているなど、リーダーとして取り組んでいることに自信が芽生えます。

第4段階の「安定化」とは、現在のポジションに慣れて、落ち着いている段階です。リーダーとして年間を通して何を行うかがわかっている、チームにトラブルが発生しても慌てることなく対応できる、メンバーが主体的に活動してリーダーが指示・指導することが少ないなど、文字どおり安定してチームを運営している状態です。

キャリアの節目は、この安定化の段階にこそあります。

安定化の段階に居心地の良さを感じてしまうと、リーダーとしての成長が停滞します。チームを取り巻く環境が変わっているのに、過去の成功体験にとらわれ、これまでと同じような考えしかもてません。メンバーがマンネリを感じ、若手が現状に甘んじています。異動してきたメンバーから、新しいやり方を提案されても、良さが理解できず受け入れることができません。

こうなる前に、リーダーはキャリアの転機に立ち、「終わり」を悟るべきです。「この世界では何かが終わったのだ」と実感して、次の世界へ飛び込む第1段階の「準備」に入ります。

■中途半端な気持ちにじっくり向き合い新しい世界へ

とはいっても、今の世界は居心地がよく、愛着があります。ここにいてはいけないと思いながらも、なかなか新しい世界に飛び込む勇気がありません。

心理学者のウィリアム・ブリッジズは、キャリアの節目を迎えた人に共通するステップがあり、なかでも、何かが終わったのに次の世界に入り切れてい

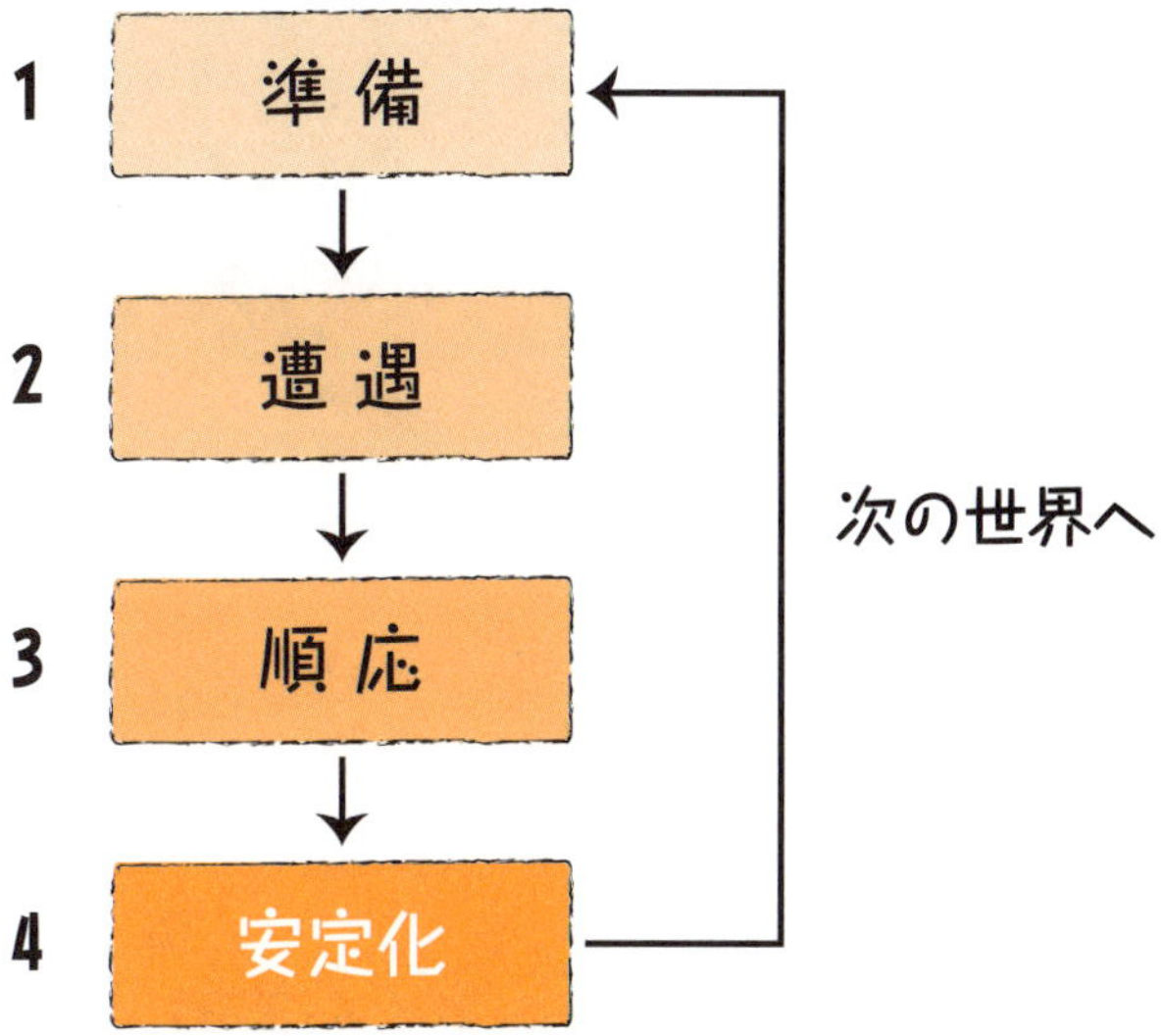

ない中途半端（ニュートラル）な時期を紹介しています。その時期に自分とじっくり向き合うことで、気持ちを切り替えて新しい世界に入ることができるとしています。

リーダーは、次の新しい世界に入る前に、終わりを悟り、中途半端な気持ちとじっくり向き合い、気持ちを切り替えることが大切です。

■リーダーの役割の拡大

リーダーとして成長するといっても、どこへ向かうのでしょう。人生は人それぞれですから、成長の方向性も人それぞれです。

とはいっても、ビジネスリーダーの多くに共通する成長の方向性として、役割の拡大があります。

この図は、取り組む仕事の水準と、巻き込む人の

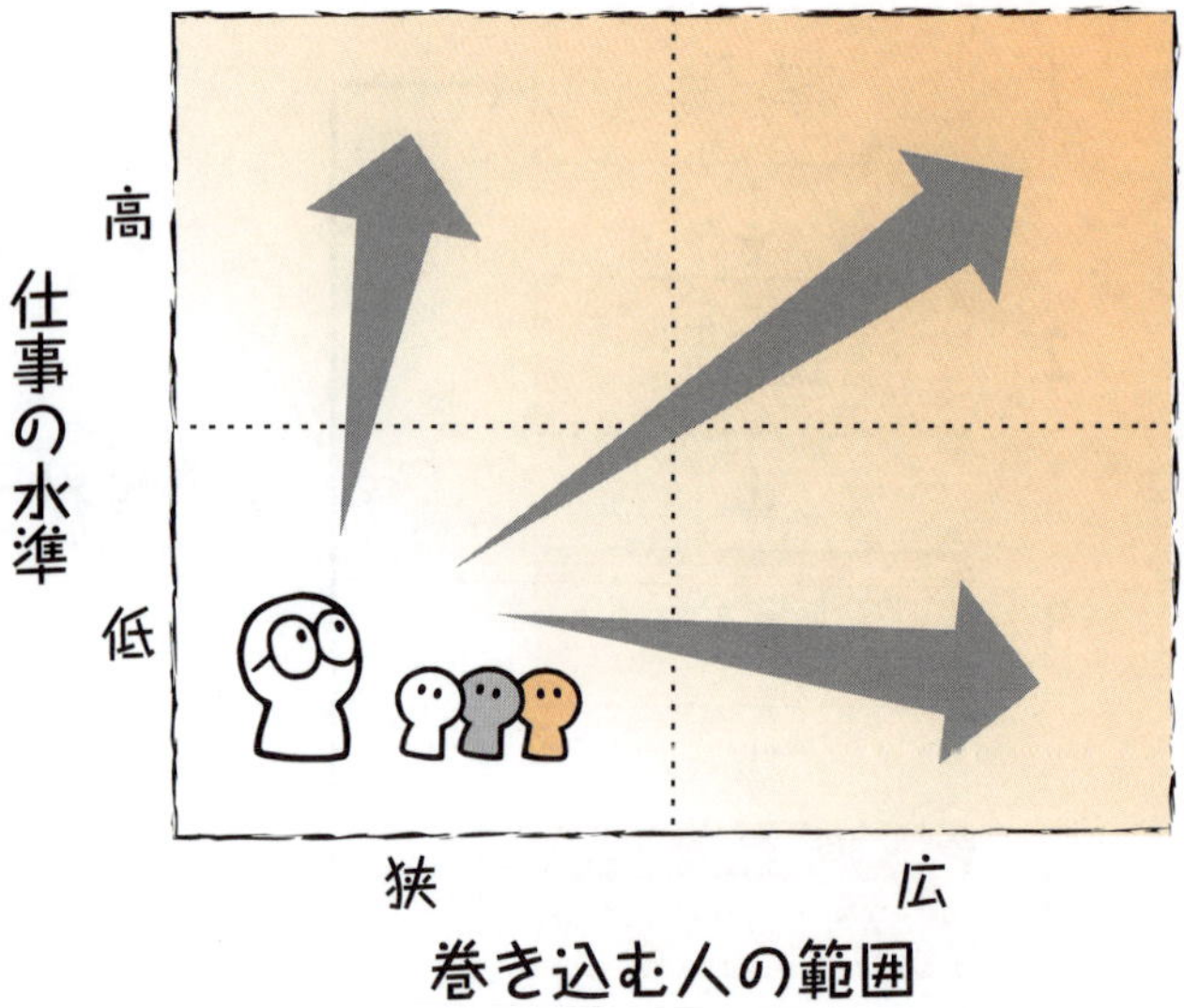

範囲を表したものです。

仕事の水準が高いとは、よりレベルの高い仕事に取り組む、革新的な仕事に取り組むことです。

巻き込む人の範囲が広いとは、チームに異質なメンバーを受け入れる、連携する部門を増やすことです。

例えば、通信機器を販売するチームのリーダーは、もっとチームを成長させるために、まず仕事の水準を高めることにしました。機器だけでなくネットワークサービスも販売します。お客様の問題を解決するソリューションにも取り組みます。

サービス販売やソリューションに取り組むと、自分たちのチームだけでは力が足りません。支援部門にサポートを依頼したり、他の会社と業務提携したりします。

しかし、仕事の水準を高め、巻き込む人の範囲を広げても、従来のやり方に慣れたメンバーはなかなかついてきません。このときこそ、リーダーは、変革を促すリーダーシップへと役割を拡大させます。

それは、①チームを取り巻く状況をきちんと知り、②チームが理想とする絵を描き、③絵を実現する道筋を示し、④メンバーを巻き込んで、⑤粘り強く最後までやり遂げます。

■ブレない軸を持論に

変革を進めようとしても、メンバーの反発は絶えません。

人がいない、予算がない、時間がない。絵に描いた餅、絵空事。そもそもそんな理想を実現する必要があるのか、といった具合です。

しかし、絵を描いた以上、メンバーの反発に屈するわけにはいきません。そもそもリーダーが最初にあきらめたら、誰もついてきません。自分が描いた絵を信じ、粘り強く説得し、小さな成功体験を積み重ね、一人ずつ味方につけます。メンバーの反発によって考えが変わるような絵であれば、それは本当の絵とはいえません。

リーダーがあきらめることなく信じ続けるためには、ブレない軸が必要です。

軸というものは、体の中に物理的に存在するわけではなく、心の中にあります。見えないがゆえに、いつの間にか見失ってしまうことがあります。細く、弱く、折れてしまうことだってあります。

軸を、太く、強く、しなやかにするためには、リーダーシップ発揮の姿を持論として言語化します。持論にすれば、軸が形をもって見えるようになります。その軸をもとに経験を重ね、他のリーダーと比較して軸を研ぎ澄まし、強化することができます。

ただ、リーダーの持論は簡単にはできません。まず、リーダー自身の経験を棚卸しして、人に語れる持論をつくります。「厳しく仕事に取り組む」「率先して行う」など、素朴でちょっとしたものからで構いません。

次に、持論をもとに実践します。実践すれば新たな経験を積むわけですから、その経験を内省します。内

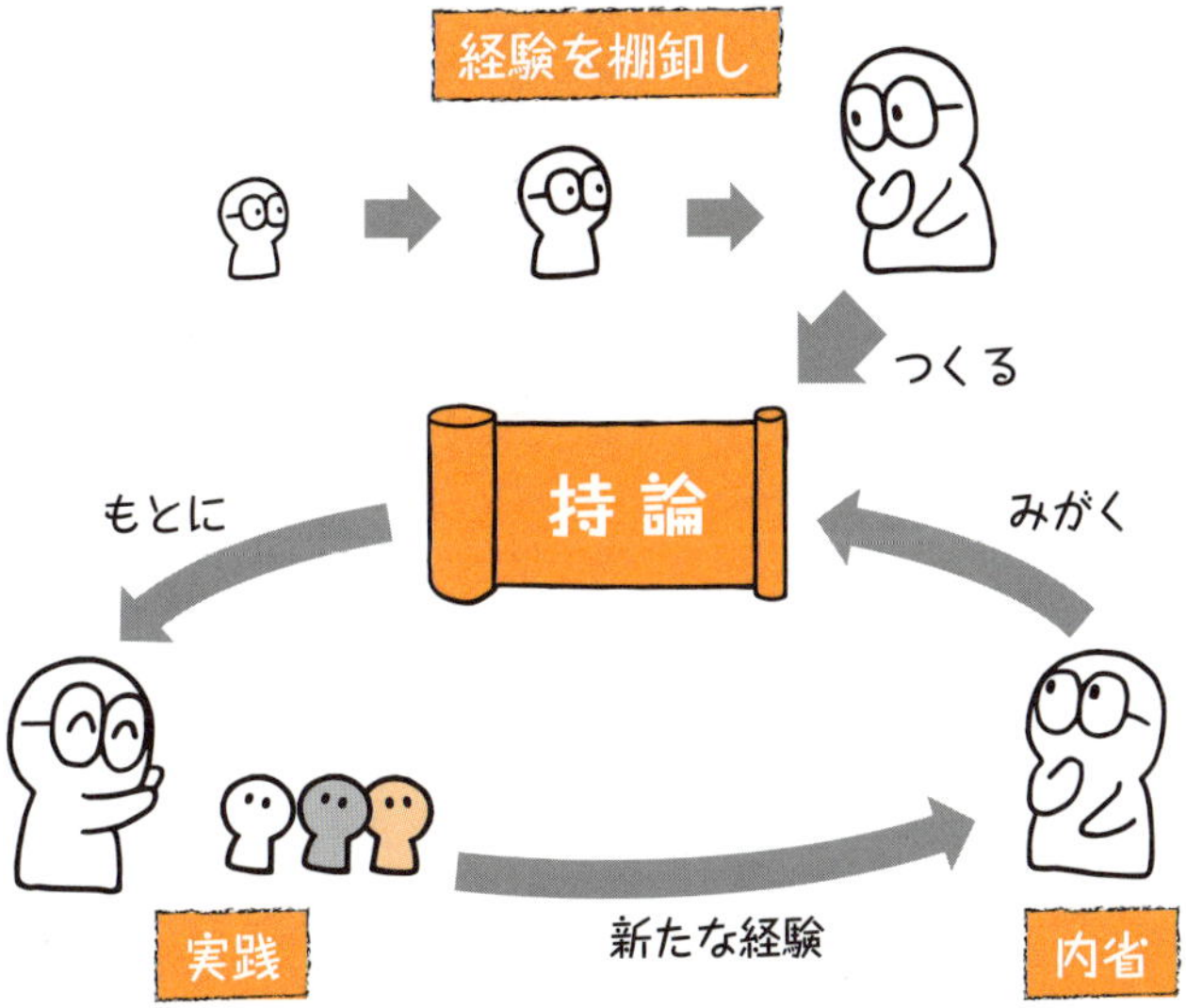

省では、リーダーとして何を行ったか、その結果チームはどうなったか、なぜそうなったか、次はどうすればよいかなどをじっくり振り返ります。じっくり内省したら持論に磨きをかけます。

例えば、あるリーダーが、「厳しく仕事に取り組む」「率先して行う」という持論をつくったとします。しかし、実践段階において挑戦的な仕事に取り組むために、リーダーが率先して行動したのに、メンバーがついてきません。内省段階で原因を振り返ると、リーダーが厳しさを求め過ぎて、メンバーへの配慮が足りなかったことがわかりました。

とはいっても、挑戦的な仕事をするのですから、厳しさは必要です。そこで、新たな持論として、「状況に合わせて、仕事の厳しさとメンバーへの配慮の度合を変える」という持論へと磨きをかけました。

磨かれた持論をもとに新たな実践を積み、また内省するサイクルを繰り返すことで、持論はやがてブレない軸となり、骨太の決断をすることができ、変革のリーダーシップを発揮することが可能となります。

次のリーダーを育成する

次のリーダーを育成する

■リーダーの仕事を渡す

リーダーとして取り組む仕事の水準を高め、巻き込む人の範囲を広げ、変革のリーダーシップを発揮するためには、今行っているリーダーの仕事を、次のリーダーに渡していかなければなりません。

いつまでも今の仕事を行っていれば、新しい仕事を考える余裕がなく、広範な人を巻き込むために説得する時間もありません。

創造的な仕事をするためにも、チームが成長するためにも、次の世代を育てることが大切です。

■リーダーシップを育てる

次のリーダーを育てるときは、専門知識や技能を伝えること以上に、リーダーシップそのものを育てることに力を注ぎます。リーダーシップとは、人間力にも通じるもので、専門知識や技能とは高める方法が違います。

リーダーシップを育てる方法は、持論をもとに実践と内省を繰り返すことでした。そこで次の世代のリーダー候補にも持論をもたせ、リーダーとしての仕事を実践させて内省の支援を行います。

ただ内省的実践は、自分の内でしか成長する幅がありません。自分の経験を棚卸しし、自分の持論をつくり、自分が実践し、自分が内省をして、自分の持論を磨くわけですから、自分だけが教材です。リーダーシップは人に影響をあたえることなので、自分だけを教材にしても、人の心を揺り動かすことは難しいでしょう。

そのため、自分の経験の他に、優れたリーダーの観察や、リーダーシップに関する理論からも学びま

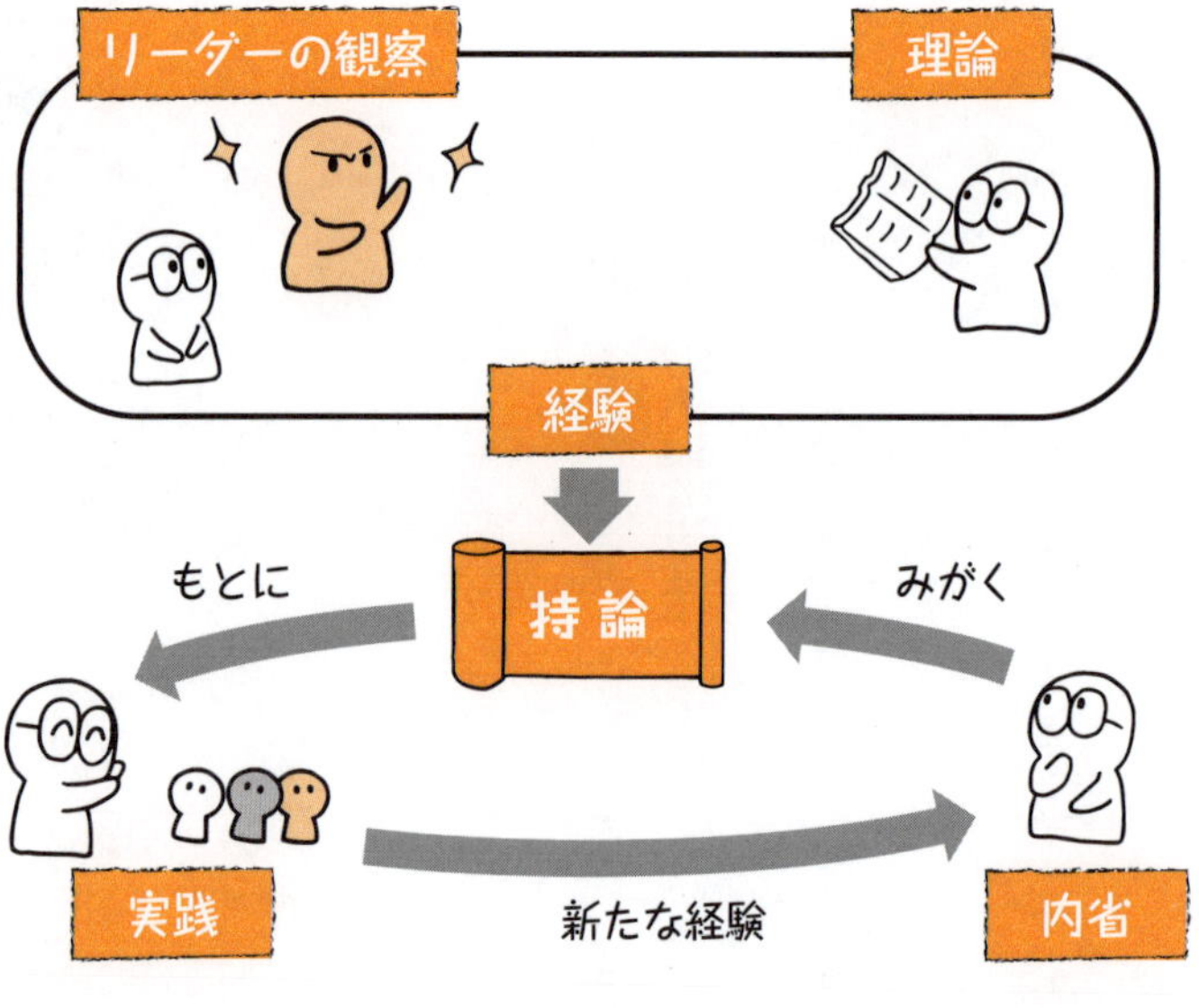

す。自分の経験、他者の観察、理論の学習を総合して、厚みのあるリーダーシップの持論をつくりあげます。

優れたリーダーを観察させる方法のひとつとして、一番身近なリーダーである私たち自身の経験を語り継ぎます。右とも左とも決めかねるような中から決断してやり遂げた、ひと皮むける経験をです。そして、そこからできあがった持論を紹介します。

また、リーダーシップに関する理論からも示唆を得ます。古今東西を問わず、優れたリーダーシップの理論や学説はたくさんあります。チームの状況に合わせて、参考となる理論を紹介します。

このように、次のリーダーを育成することは、私たちのリーダーシップをさらに大きくすることにもつながります。私たち自身のひと皮むける経験を棚卸しし、持論を整理することで、将来、より大きなリーダーシップを発揮するときに役に立つからです。

また、次のリーダーをがまん強く育て、懐の深さを身につけることで、人間としても一歩成長することができます。

ゆっくりでもいい。もっと羽ばたきましょう！

参考文献

『経営革命大全』
ジョセフ・H・ボイエット、ジミー・T・ボイエット（著）
金井壽宏（監訳）、大川修二（訳）日本経済新聞社

『リーダーシップとは何か！』
ロナルド・A・ハイフェッツ（著）幸田シャーミン（訳）
産能大学出版部 刊

『入門から応用へ行動科学の展開——人的資源の活用』
ポール・ハーシー、ケネス・H・ブランチャード（著）山本成二、水野基、成田攻（訳）生産性出版

『信頼のリーダーシップ——こうすれば人が動く「6つの規範」』
ジェームズ・M・クーゼス、バリー・Z・ポスナー（著）
岩下貢（訳）生産性出版

『改訂版 戦略行動型リーダーシップ』
岡部博（著）産業能率大学出版部

『リーダーシップ入門』
金井壽宏（著）日本経済新聞社

『リーダーシップ行動の科学』
三隅二不二（著）有斐閣

『リーダーシップの科学——指導力の科学的診断法』
三隅二不二（著）講談社

『サーバントリーダーシップ』
ロバート・K・グリーンリーフ（著）金井壽宏（監訳）、金井真弓（訳）英治出版

『変革期におけるマネジメントの教科書』
（学）産業能率大学総合研究所マネジメント研究プロジェクト（編著）
産業能率大学出版部

『変革型ミドルの探求』
金井壽宏（著）白桃書房

贈ることば

叱られた。
図書館の返却期日から大幅に遅れて。
……と思い出すのも懐かしい。
クラブのママとなった今は、わたしもリーダーシップを発揮してる。
お客さんと一緒にリーダー行動カードを並べるときもあるわ。
でね、悩んでるお客さんに言ってあげるの。
「つくってみよう!　自分流リーダーシップ」って。
あなたならできる。

感謝のことば

この本は、職場で初めてリーダーになった方、リーダーのあるべき行動がわからない方、リーダーとしての経験を整理して今後の成長につなげたい方、部下・後輩を育てたい方、リーダー候補として将来飛躍したい方のヒントになればという思いからできあがりました。

読者の皆さんの道を少しだけ照らし、そっと背中を押せるものになれば幸いです。

最後に、本書の出版にあたり、産業能率大学出版部の坂本清隆氏をはじめ多くの方々にはたいへんお世話になりました。また、イラストの原案を考えてくれた〝ろくぺん〟氏にも、この場を借りてお礼申し上げます。

２０１８年８月

斎田真一

著者略歴

斎田　真一（さいだ　しんいち）

株式会社トレイク　代表取締役（http://traic.co.jp/）
研修講師、組織開発・人材開発コンサルタント
産業能率大学兼任教員、中小企業診断士

1968年生まれ
立命館大学法学部卒、日本電信電話株式会社・教育研修会社などを経て現職。

研修の専門領域は、「マネジメント」「リーダーシップ」「問題解決」「部下指導」「チームビルディング」など。参加者の「わかる、そして、できるへ」を目指して、理論学習と体験学習を組みあわせた「トレーニング型」のスタイルで、参加者の気持ちに寄り添い一緒に学ぶ姿勢を大切にしている。

コンサルティングの専門領域は、「組織ナレッジの蓄積・活用」「職場の創造性開発」「目標管理制度」、および、各種テスト・診断の開発など。職場の目標達成と活性化を目指した力強い職場づくりをサポートしている。

著書に『社会人のための情報解釈力』（産業能率大学出版部）、「社員教育のすすめ方CD」（日本経営合理化協会・共著）など。

E-Mail：shinichi.saida@traic.co.jp

つくってみよう！ 自分流リーダーシップ
リーダーに必要な50の行動　〈検印廃止〉

著　者　斎田真一
発行者　飯島聡也
発行所　産業能率大学出版部
東京都世田谷区等々力 6-39-15　〒 158-8630
（電話）03（6432）2536
（FAX）03（6432）2537
（振替口座）00100-2-112912

2018年 9 月 30 日　初版 1 刷発行

印刷所・製本所／日経印刷
（落丁・乱丁はお取り替えいたします）　ISBN 978-4-382-05760-9

付録

リーダー行動カード

信　念

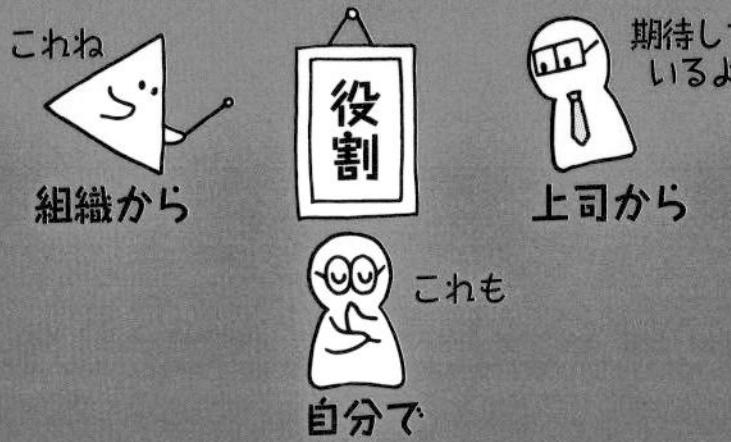

役割認識

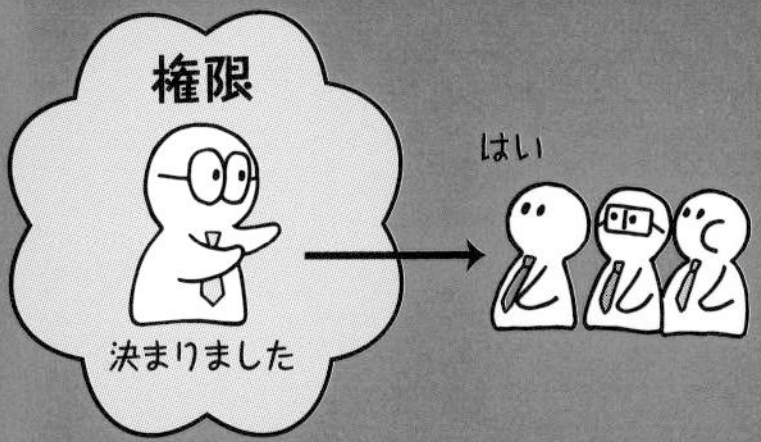

権限の行使

決　断

任せる

率先垂範

取りまとめ

上司の補佐

リーダー行動カードは、点線に沿って切り取って使用してください。

役割認識

信　念

決　断

権限の行使

率先垂範

任せる

上司の補佐

取りまとめ

前向き

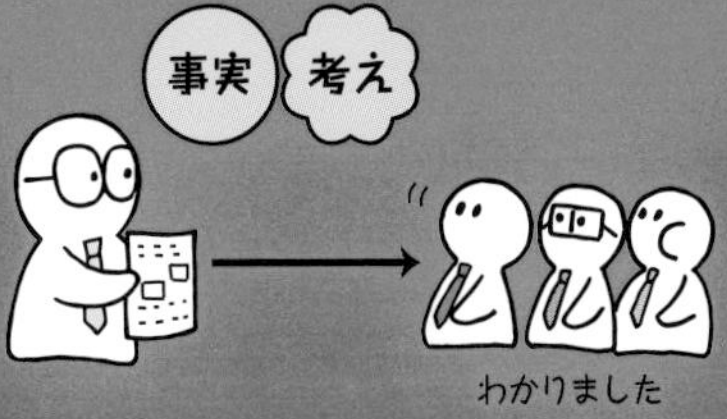

説　明

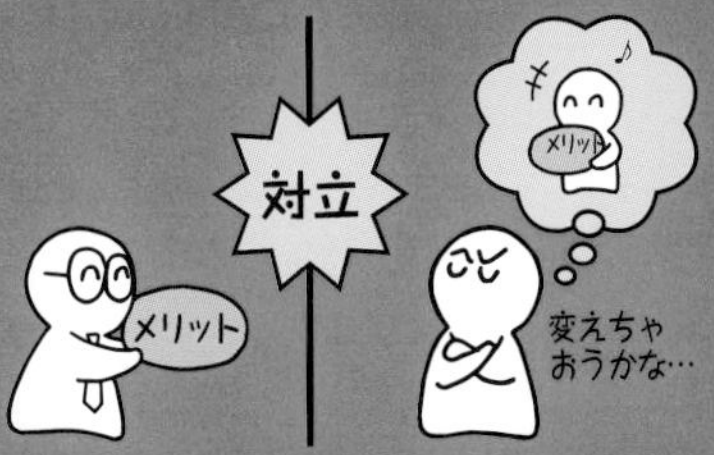

説　得

合意形成

質　問

傾　聴

見える化

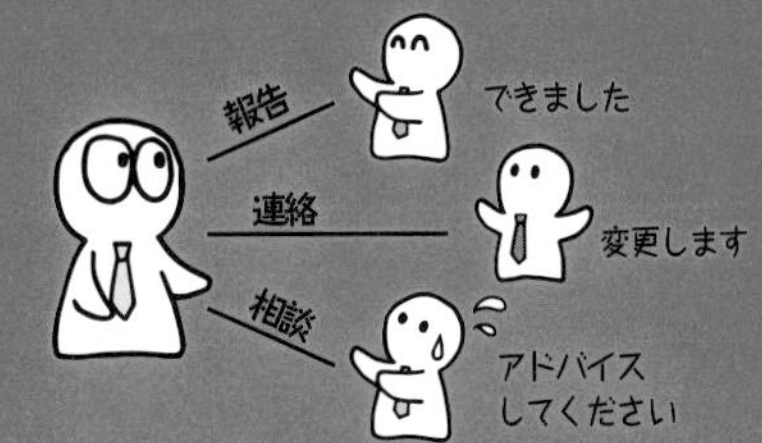

報連相

リーダー行動カードは、点線に沿って切り取って使用してください。

説　明

前向き

合意形成

説　得

傾　聴

質　問

報連相

見える化

リーダー行動カードは、点線に沿って切り取って使用してください。

褒める

叱る

状況把握

ビジョン形成

目標設定

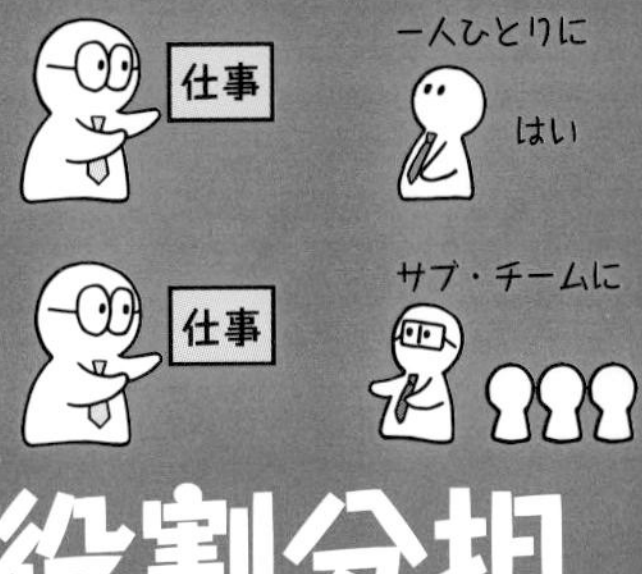

役割分担

連携体制づくり

実行計画

叱　る

褒める

ビジョン形成

状況把握

役割分担

目標設定

実行計画

連携体制づくり

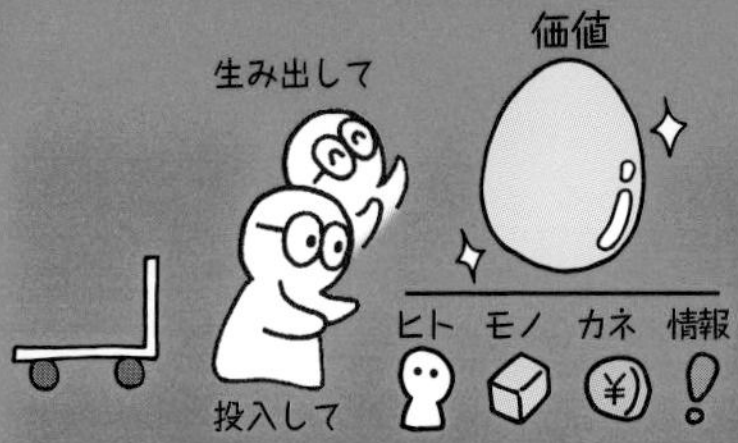

資源活用

活動の推進

評　価

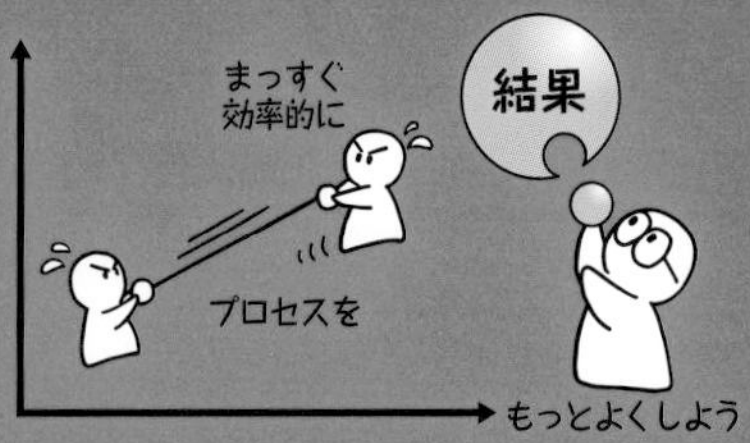

改　善

調　整

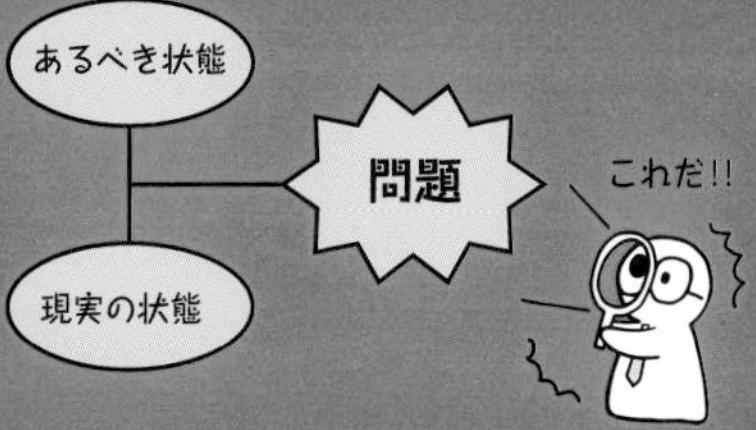

問題発見

課題形成

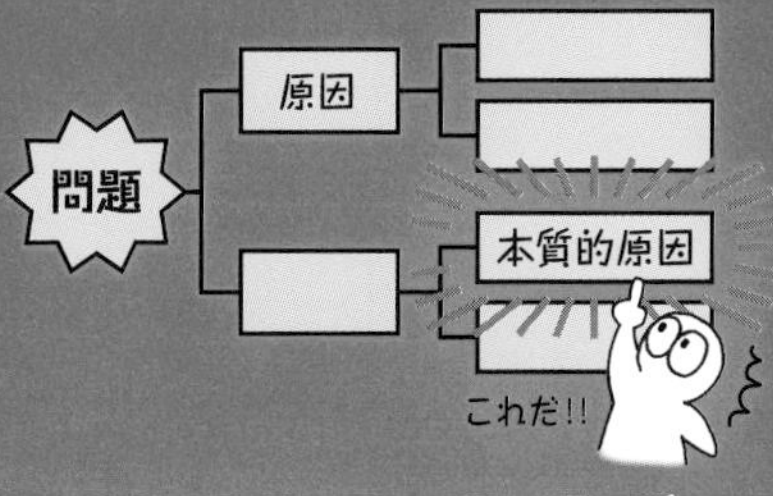

原因分析

リーダー行動カードは、点線に沿って切り取って使用してください。

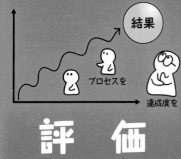

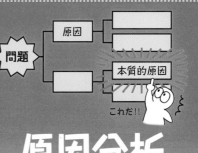

活動の推進	資源活用
改　善	評　価
問題発見	調　整
原因分析	課題形成

解決策の立案

リスク管理

育成目標の設定

OJT計画の立案

動機づけ

ティーチング

コーチング

OJTの評価

リーダー行動カードは、点線に沿って切り取って使用してください。

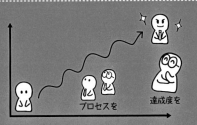

リスク管理	解決策の立案
OJT計画の立案	育成目標の設定
ティーチング	動機づけ
OJTの評価	コーチング

キャリア開発の支援

目的共有

チームの約束事

雰囲気づくり

働きやすい環境づくり

助け合い

相乗効果

意識改革

リーダー行動カードは、点線に沿って切り取って使用してください。

目的共有	キャリア開発の支援
雰囲気づくり	チームの約束事
助け合い	働きやすい環境づくり
意識改革	相乗効果

多様性の受容

コンプライアンスの遵守

リーダー行動カードは、点線に沿って切り取って使用してください。

コンプライアンスの遵守

多様性の受容